BUREAUX ARABES

ET

COLONS

BUREAUX ARABES

ET

COLONS

—

RÉPONSE AU CONSTITUTIONNEL

POUR FAIRE SUITE

AUX LETTRES A M. ROUHER

PAR MM.

JULES DUVAL

Directeur de l'*Economiste français*, ancien membre et secrétaire du Conseil général de la province d'Oran.

Dr AUGUSTE WARNIER

Médecin militaire en retraite, ancien membre du Conseil du gouvernement de l'Algérie.

Délégués officieux d'un grand nombre de colons algériens

On juge l'arbre à ses fruits.
(*Evangile*)

PRIX : 3 FRANCS

PARIS

CHALLAMEL AINÉ, LIBRAIRE-EDITEUR

rue des Boulangers, 30, et rue Bellechasse, 27

—

JANVIER 1869

DES MÊMES AUTEURS

Ouvrages de MM. Duval et Warnier

Un Programme de Politique algérienne. Lettres à M. Rouher
ministre d'Etat. In-8°, 1868 (Challamel aîné).

Ouvrages du docteur Warnier

L'Algérie devant le Sénat, in-8, 1863 (Challamel).
L'Algérie devant l'opinion publique, in-8, 1864 (Challamel).
L'Algérie devant l'Empereur, in-8, 1865 (Challamel).

Ouvrages de M. Jules Duval

Catalogue explicatif et raisonné des produits algériens. In-8
1855 (Didot).
L'Algérie, Tableau historique, descriptif et statistique. In-8, 185
(Hachette).
Histoire de l'émigration européenne, asiatique et africaine a
dix-neuvième siècle, couronnée par l'Académie des science
morales et politiques. In-8, 1862 (Guillaumin).
Les Colonies et la Politique coloniale de la France. In-8, 186
(A. Bertrand).
Réflexions sur la politique de l'Empereur en Algérie. In-8, 186
(Challamel).
Trois discours sur les rapports de la géographie et de l'écono
mie politique, 3 vol. in-8, 1864, 1866, 1867 (Guillaumin et A
Bertrand).
Notre Pays. In-18, 1866 (Hachette).
Conférences sur les sociétés coopératives. In-18 et 3 vol. in-3
(Hachette).
Gheel, ou une Colonie d'aliénés vivant en famille et en liberté. 2
édition. In-18, 1867 (Hachette).
Mémoire sur Antoine de Montchrétien, auteur du premier *Trait
de l'Économie politique* (1615). In-8, 1869 (Guillaumin).

—

L'Economiste français, journal politique, 1862-1868.

AVANT-PROPOS

A peine avions-nous publié nos premières lettres à M. Rouher (1), le *Constitutionnel* intervenait, à notre grande satisfaction, dans le débat entre M. le ministre d'Etat et nous,
en nous accusant d'apporter dans le redressement des prétendues erreurs attribuées à l'éloquent orateur, une assurance d'autant plus grande que nous étions nous-mêmes
très mal renseignés.

« MM. Jules Duval et Warnier, disait ce journal, ont la prétention d'être au courant des choses de l'Algérie. Cette prétention ils
l'énoncent, mais ne la justifient point, comme on va le voir. Car,
sur tous les points auxquels ils touchent, ils font de fausses routes;
leurs arguments principaux, ceux qu'ils regardent et nous donnent
comme décisifs, se fondent sur des inexactitudes matérielles, sur
des méprises palpables. Nous suivrons nos adversaires sur le terrain qu'ils ont choisi. Nous nous attacherons à réfuter les plus importantes d'entre leurs méprises. Cela sera facile. Pourquoi ne le
faisons-nous pas immédiatement? C'est qu'il est plus long de réfuter une erreur que de la produire; *c'est que nous tenons en outre
d'autant plus à recueillir, sur tous les faits que MM. Jules Duval et
Warnier ont mis en avant, des renseignements sûrs, précis, détaillés,
minutieux, qu'ils ont été eux-mêmes plus fortement abusés.* Cela fera
compensation. »

Ce préambule, signé : LOUIS CHAUVEAU, nom d'un des rédacteurs ordinaires du *Constitutionnel*, était un engagement
de n'opposer à nos assertions que des informations prises
aux meilleures sources, probablement près des chefs de services envoyés d'Alger à Paris pour éclairer la religion de

_____

(1) Dans l'*Économiste français*, numéros des 5 et 20 août, 5 et
20 septembre, 5 octobre 1868. (Publiées depuis en brochure, chez
Challamel ainé, rue Bellechasse, 27.)

M. le ministre d'Etat et le mettre à même de prendre part à la discussion des amendements présentés au Corps législatif.

M. Louis Chauveau nous demandait du temps, que nous lui accordions bien volontiers, car ce temps nous faisait espérer la bonne fortune de nous trouver enfin, face à face, avec des adversaires qui prendraient nos Lettres corps à corps, les contesteraient pied à pied, argument contre argument, de manière à faire jaillir la lumière de la discussion, lumière cherchée par nous et par toutes les personnes qui aiment l'Algérie et s'occupent de ses intérêts avec suite et sollicitude.

Nous déclarons que nos espérances ont été déçues, car le fond du débat, celui des articles de l'amendement, n'a pas été même abordé. On s'est borné, dans six articles successivement parus, entre les dates du 28 août au 12 octobre, à aborder des points de détail, nous ne dirons pas étrangers à la cause, mais limités presque exclusivement à la défense des bureaux arabes, vivement attaqués dans la discussion publique, il est vrai, mais dont le nom ne figure même pas dans les douze articles de l'amendement et dont nous-mêmes nous ne nous sommes occupés dans nos lettres à M. Rouher, que vu l'impossibilité d'aborder une discussion algérienne, sans trouver ce corps tout puissant, soit comme cause, soit comme obstacle en tout et pour tout.

Le premier article (n° du 28 août), soutient la prétention qu'on ne trouverait pas dans l'élément civil de l'Algérie plus de dix personnes connaissant assez la langue arabe pour remplir des fonctions publiques au milieu des indigènes.

Le deuxième article (n° du 8 septembre), est une apologie des bureaux arabes.

Le troisième article (n° du 12 septembre), est un nouveau plaidoyer en faveur de la thèse que les contributions arabes alimentent seules les budgets provinciaux de la colonie.

Le quatrième article (n° du 27 du même mois), soutient que les exportations de l'Algérie, dues à la production des

Arabes, témoignent d'un progrès commercial réel dans les dernières années.

Le cinquième article (n° du 5 octobre), prétend que, dans leurs insurrections, les indigènes ne distinguent pas entre militaires et colons, comme nous l'avons affirmé.

Enfin, le sixième article (n° du 12 octobre), est consacré à l'exécution du sénatus-consulte de 1863 constitutif de la propriété indigène en Algérie, dont l'application relève du bureau politique des affaires arabes.

Sauf le dernier article, qui entre en plein dans le sujet de nos lettres, et le troisième, qui y touche indirectement, nous pourrions considérer comme un hors-d'œuvre la campagne que le *Constitutionnel* vient d'entreprendre contre nos lettres à M. Rouher, et à la rigueur, ne pas nous considérer comme obligés d'y répondre, car, nous le répétons, il n'est question que d'affaires arabes et de bureaux arabes dans tout ce qu'on nous oppose et cette spécialité de la question algérienne n'a été l'objet d'aucun amendement au Corps législatif.

Trop rarement les bureaux arabes se mettent ainsi à découvert, et puis ce corps exerce trop d'influence dans les affaires générales de l'Algérie, il est trop le flambeau du gouvernement militaire, pour que nous n'ayons pas un immense intérêt, l'institution entrant elle-même en lutte, à montrer au public ce qu'elle est, dans quels errements elle vit, comment elle interprète sa mission dans la société arabe, combien elle ignore les conditions d'existence de la société civile à laquelle elle se croit appelée à préparer les voies. Comme un soldat, dans une revue d'inspection générale, elle se présente avec armes et bagages, avec l'arsenal de ses moyens d'action; nous manquerions à nos devoirs envers l'Algérie en n'ouvrant pas son sac pour montrer à tous, à ses partisans comme à ses adversaires, ce qu'il contient : les boîtes à malices, les trompe-l'œil, en un mot, ce qu'est l'institution elle-même.

Chaque article débute, comme l'entrée d'un officier des bureaux arabes dans un douar, par une *fantasia,* avec force caracolades, avec pas mal de poudre et de poussière jetées aux yeux des gens. A ce que prétendent nos adversaires, nous ne savons ce que nous disons, nous commettons erreurs sur erreurs, nous ne connaissons pas le pays, nous sommes mal informés, nous confondons des choses distinctes, nous nous attribuons uu mandat qu'on ne nous reconnaît pas, une compétence qu'on nous conteste. Bref, on nous ferait passer, si on l'osait, pour des gens qui n'ont aucun lien avec l'Algérie, qui n'y ont peut-être jamais mis les pieds. Mais heureusement, il y a, de l'autre côté de l'eau, une pleïade d'hommes qui a la science infuse, qui sait tout, qui connaît tout, qui, elle, a mission de redresser tous les torts et qui va nous mettre à la raison ! Pareille entrée en matière produit toujours un bon effet sur les lecteurs, et quand les lecteurs, comme ceux du *Const·tutionnel*, très nombreux, ayant foi dans leur journal, étrangers aux choses de l'Algérie, ont plongé la tête, dès les deux ou trois premiers alinéas, dans la bouteille à l'encre où ils voyent trouble, ils n'ont compris qu'une chose : l'exorde ; et ils en concluent que l'auteur de l'article a cent fois raison, que ses adversaires sont des ignares et que le gouvernement militaire de l'Algérie et les bureaux arabes sont deux inventions qu'on aurait bien eu raison d'introduire en France, puisque leur importation au Sénégal, au Mexique, en Cochinchine, a réussi aussi bien qu'on le dit.

Au fond, tous ces articles, ou soutiennent des propositions qui ne supportent pas le moindre examen, ou répétent des erreurs cent fois réfutées, ou produisent des faits, soidisant contradictoires, qui, interprétés comme ils doivent l'être, confirment ce que l'on veut combattre ou n'embrassent qu'un côté des questions, le côté obscur, et laissent dans l'ombre — sciemment ou non — la partie lumineuse du litige. Presque toujours nos adversaires, adoptant la tactique des avocats des causes perdues, désertent le fond pour ergoter sur des détails accessoires et se proclament victorieux s'ils ont pu jeter quelque obscurité sur ces détails. Nous ferons bonne justice de toute cette fantasmagorie.

L'auteur des articles du *Constitutionnel* se complaît à mettre en doute, et la validité du titre de mandataires officieux d'un grand nombre de propriétaires de l'Algérie que nous prenons, et le droit à être réputés compétents dans les matières que nous abordons.

Sur le premier point, nous pouvons lui administrer une preuve matérielle qui lèvera ses doutes, nous l'espérons. Dans notre lettre à M. le ministre d'Etat, nous déclarons mettre à la disposition de Son Excellence les originaux de nos mandats, et nous consentons à renouveler cette offre vis-à-vis le directeur ou le rédacteur en chef du *Constitutionnel*. Au surplus, on trouvera le texte d'un certain nombre de ces mandats dans les numéros de l'*Economiste français*, où ils ont été publiés (d'avril à juillet 1866).

N'eussions-nous pas de mandat officieux, nous nous reconnaissons, en notre qualité de citoyens français et de propriétaires algériens, le droit de traiter, au même titre que tous journalistes, les questions algériennes, comme toutes autres ; et, avec ou sans mandat, la solidité de nos raisons mesure seule l'autorité de notre intervention.

Sur le second point, nous ne pouvons mieux faire que de donner immédiatement l'état de nos services algériens.

DOCTEUR WARNIER. — Arrivé en 1834 en Algérie, où il a suivi les colonnes expéditionnaires de la province d'Oran jusqu'au traité de la Tafna ; — En 1837, nommé, après ce traité, adjoint au commissaire du gouvernement près de l'émir Abd-el-Kader, position qu'il conserva jusqu'à la rupture de la paix en 1839, ce qui le constitue le doyen de tous ceux qui, depuis la conquête, ont eu à s'occuper des affaires arabes ; — De 1840 à 1847, membre de la commission scientifique de l'Algérie ; — En 1844, adjoint au prince de Joinville comme agent politique dans la campagne du Maroc ; — En 1847, colon dans la province de Constantine ; — En 1848 et 1849, successivement directeur des affaires civiles de la province d'Oran et membre du conseil du gouvernement de l'Algérie ; — De 1850 à 1861, redevenu colon, il a fondé dans la province d'Alger l'établissement de Kandouri, appartenant aujourd'hui à M. Arlès-Dufour, de Lyon.

Total : 27 ans de séjour, d'études et d'expérience pratique des hommes et des choses dans les trois provinces de l'Algérie, sans compter deux voyages dans la colonie depuis 1861, dont le dernier de six mois, en 1867-1868.

La croix de chevalier de la Légion d'honneur en 1839, à la suite de deux années de séjour près de l'émir Abd-el-Kader et celle d'officier de la Légion d'honneur, en 1844, à la suite d'une mission exclusivement politique, attestent qu'à une autre époque le gouvernement reconnaissait la compétence du docteur Warnier dans les affaires de l'Algérie.

Cette dernière récompense ne laisse aucun doute à ce sujet, car alors le médecin militaire n'avait qu'un grade assimilé dans l'armée à celui de lieutenant, et les statuts de la Légion d'honneur disposent qu'aucun militaire ne peut être proposé pour la croix d'officier s'il n'est officier supérieur.

L'exception que nous constatons est peut-être la seule depuis la fondation de l'ordre de la Légion d'honneur et, pour qu'elle ait été admise, elle a dû être puissamment motivée.

JULES DUVAL. — De 1847 à 1850 co-fondateur et administrateur de l'un des plus grands établissements agricoles de l'Algérie, encore aujourd'hui existant et prospère : l'*Union agricole* d'*Afrique* dans la plaine du Sig (province d'Oran); — En 1851, voyages en Algérie; — En 1852, rédacteur en chef de l'*Echo d'Oran*; — En 1854, membre de la commission nommée par le gouvernement pour l'attribution de la prime des cotons, voyages dans les trois provinces; — en 1855, chargé par le général Daumas, au nom du ministre de la guerre, de la rédaction du *Catalogue explicatif et raisonné des produits algériens*, à l'occasion de l'Exposition universelle de Paris; — De 1858 à 1861, membre et secrétaire du conseil général de la province d'Oran, rapporteur de plusieurs budgets ; — Durant la même période, membre de la Commission administrative de l'Exposition permanente de l'Algérie à Paris ; — En 1860, rapporteur du jury spécial des produits algériens à l'Exposition internationale d'agriculture de Paris. — En 1861, fondateur, et depuis lors, directeur de l'*Economiste français*, journal qui s'est fait une spécialité des questions de colonisation, et spécialement des questions algériennes; — En 1863, chevalier de la Légion d'honneur, comme membre du jury français de l'Exposition de Londres, mais en grande partie pour travaux et services algériens, poursuivis sans interruption depuis quinze ans alors, et aujourd'hui depuis vingt ans.

Si ces indications sommaires ne suffisent pas au *Constitutionnel*, nous lui donnerons l'adresse de M. Challamel aîné, libraire-éditeur spécial des publications algériennes, qui pourra lui remettre le catalogue détaillé des travaux des deux signataires des Lettres à M. Rouher, travaux dont plusieurs ont été agréés par le gouvernement lui-même comme ouvrages dignes d'être publiés et distribués en son nom aux grands corps de l'Etat, et dont quelques autres ont été couronnés par l'Académie des sciences morales et politiques, à laquelle appartient l'honorable rédacteur en chef du *Constitutionnel*, M. Baudrillart.

A côté de tous ces titres, nous plaçons, avec une légitime fierté, le mandat libre que nous ont conféré les colons algériens, parce que ce mandat est la confirmation la plus solennelle de notre compétence. Si nous n'avons pas à notre disposition les sources d'information de nos adversaires, du moins n'avons-nous aucun intérêt à déguiser la vérité, et pour la connaître, pour la propager, nous n'épargnons ni notre temps ni notre peine.

Constatons toutefois pour en finir sur ces questions personnelles soulevées par nos contradicteurs, que, durant ce long espace de vingt et vingt-sept ans d'études théoriques et pratiques des choses algériennes, nous n'avons pas rencontré une seule fois, sur notre route, le nom du journaliste qui dans le *Constitutionnel* nous oppose, avec tant d'assurance, sa propre compétence. Aussi ne le mettons-nous pas en cause ; mais bien le gouvernement général de l'Algérie et la direction des affaires arabes, dont il reçoit les inspirations ou plutôt les communications.

Dans nos réponses au *Constitutionnel* nous suivrons l'ordre de ce journal, ordre logique pour nos adversaires, ordre logique pour nous, car il nous révèle quelles sont les principales préoccupations de ceux que nous combattons.

Nous demandons pardon à nos lecteurs des détails que nous sommes dans l'obligation de faire passer sous leurs yeux ; nous sommes presque forcés de prouver qu'il fait jour en plein midi ; nous devons donc accumuler preuves sur preuves, pour qu'on cesse enfin de propager une foule d'erreurs et de sophismes auxquels l'ignorance seule sert de passeport.

L'intérêt considérable de l'Algérie à ce que la lumière soit faite sera notre excuse.

Paris, 10 novembre 1868.

JULES DUVAL. Docteur A. WARNIER.

P. S. (Paris, 20 décembre). Depuis que M. Louis Chauveau a signé dans le *Constitutionnel* les articles auxquels nous répondons, cet écrivain a fait une course de six semaines en Algérie et il publie ses impressions de voyage dans le *Moniteur Universel*.

La comparaison des lettres du journal officiel avec les articles du journal semi-officiel suffit à établir que le rédacteur de ces articles n'est pas la même personne que l'auteur des lettres. Dans ces dernières, nous retrouvons le touriste qui ne connait pas le pays qu'il visite et qui vient, après mille autres, nous dire ce qu'il y a vu, sans toujours bien comprendre, ou répéter ce qu'il a entendu, en confondant quelquefois des choses très différentes.

Nous en citerons un exemple :

Dans sa deuxième lettre (*Moniteur Universel* du 18 novembre), - M. Louis Chauveau dit :

« L'Arabe, après avoir coupé ses épis *plus souvent avec des ciseaux* qu'avec la faucille, les fait dépiquer par des mulets et des chevaux qui mangent en travaillant. »

M. Louis Chauveau, qui n'a pu voir pratiquer la récolte en novembre, a mal compris ce qu'on lui a dit. On a dû lui apprendre qu'avant la conquête française les ciseaux (cisailles) étaient inconnus des indigènes comme instrument agricole, même pour tondre la laine des moutons, opération pour laquelle ils se servaient de la faucille comme pour les coupes de céréales, ce qui nuisait beaucoup aux moutons et plus encore à la laine. On a dû ajouter que, sous le gou-

vernement du maréchal Randon, on avait acheté des ciseaux sur le
budget des centimes additionnels pour forcer les tribus à s'en servir pour la tonte des moutons. Les Arabes ont trouvé les ciseaux bien
préférables à la faucille pour la tonte, mais la plupart ont dû y renon
cer, parce qu'il n'y avait pas de remouleur dans les tribus et qu'une
paire de ciseaux ne coupe qu'à la condition d'être aiguisée souvent
et méthodiquement par un homme de l'art. Alors, si faute de ré-
mouleurs, on a dû renoncer aux ciseaux pour la laine, par la même
raison, il n'a jamais pu venir à l'idée d'un Arabe de s'en servir
pour couper des blés durs. Que nous sachions, personne n'a vu jusqu'à ce jour les Arabes moissonner avec des ciseaux, ce qui est
d'ailleurs impossible.

Nous relevons cette petite erreur uniquement pour prouver que
M. Louis Chauveau n'est pas l'auteur des articles du *Constitutionnel*.

Nous en donnerons une autre preuve dans le cours de ce travail,
en empruntant aux lettres du *Moniteur Universel* quelques passages
qui réfutent certaines affirmations des bureaux arabes que les
articles du *Constitutionnel* défendent en toutes choses.

J. D.   A. W.

BUREAUX ARABES ET COLONS

LANGUE ARABE

Le premier point relevé par notre adversaire est celui relatif à la situation comparée de la connaissance de la langue
arabe dans l'élément civil et dans l'élément militaire de l'Algérie. Ne soyons pas étonnés de l'importance donnée à ce
détail : il est le nœud gordien de la question algérienne.
Tant que les militaires seront réputés être les seuls connaissant la langue et les affaires arabes, le gouvernement militaire et les bureaux arabes auront leur raison d'être ; mais s'il
est démontré que dans l'administration civile et dans la population coloniale la connaissance de l'arabe est plus déve-
loppée que dans l'armée, le besoin d'un régime exceptionnel
n'est plus nécessaire au même degré. Délions donc ce nœud
gordien.

CONNAISSANCE COMPARÉE DE LA LANGUE ARABE DANS L'ÉLÉMENT
CIVIL ET DANS L'ÉLÉMENT MILITAIRE DE L'ALGÉRIE.

Précisons d'abord le point de départ du débat.

M. le ministre d'Etat avait dit à la tribune :

« — Quoi ! vous voulez changer, renvoyer les 194 officiers qui
sont à la tête des bureaux arabes : pour qui mettre à leur place ?
Trouverez-vous de suite, dans l'élément civil, des hommes qui
sachent l'arabe ?

» *Quelques membres.* — Il y en a.

» — Il y en a, dites-vous ? Non, vous n'en trouverez pas.

» *M. Lanjuinais.* — On en trouvera.

» — Je vous demande pardon ! Je vous citerai des Français qui,
en Algérie, savent l'arabe : je vous en citerai quelques-uns, mettez
DIX si vous voulez ; je connais, par exemple, un homme éminent,
un conseiller à la cour d'appel d'Alger, M. Letourneux, qui a étudié très profondément la langue arabe. Mais, véritablement, pour
aller trouver ces 194 officiers civils que vous mettez près des tribus,
il faut les avoir.

» *Un membre.* — On les a.

» — Vous les avez ? Tant mieux, etc. »

Ce dialogue est extrait textuellement du compte rendu, *in extenso*, des débats de la séance du 16 juillet 1868 au Corps législatif.

Dans notre lettre du 3 août à M. Rouher, nous avons, en confirmation des assertions contradictoires de la gauche, cité 74 Français, appartenant à l'élément civil, payés pour enseigner l'arabe. Nous avions puisé ce chiffre dans une publication officielle de 1868, aux titres : *Chaires publiques d'arabe, Colléges impériaux arabes-français, Lycée d'Alger, Colléges de Bône, de Constantine, d'Oran et de Philippeville, Ecoles arabes primaires*, et nous n'avions pas fait un abus illusoire de ces indications. Nous avions conclu d'un si grand nombre de professeurs et de maîtres qui enseignent depuis dix, vingt et trente ans, qu'ils avaient bien dû former quelques bons élèves.

Voici ce que nous répond le *Constitutionnel* :

« Dans l'addition, *toute de fantaisie*, que MM. Duval et Warnier ont établie, on a pu remarquer deux gros chiffres : 23 professeurs, 42 instituteurs. Voyons ce que valent ces dénombrements.

» Parmi les 23 professeurs dont se compose le personnel des deux colléges impériaux arabes-français d'Alger et de Constantine, deux seulement parlent l'arabe. Ce sont ceux qui sont spécialement chargés de l'enseignement de cet idiome.

» Ainsi donc, voilà un premier élément de l'addition qu'il faut *presque entièrement* éliminer. Sur ce chiffre de 23 professeurs sachant l'arabe, il convient du moins d'en défalquer 21; ce qui est, on en conviendra, une *réduction respectable*. Mais poursuivons.

» Sur les 42 instituteurs placés à la tête des écoles arabes primaires des trois provinces de la colonie, combien en compterons-nous qui sachent l'arabe? *Peu ou point*.

» Aux enfants qui leur sont confiés, ils ont à apprendre les éléments de la langue française (car c'est notre langue dont il faut là-bas propager la connaissance), l'arithmétique, la géographie. Leurs fonctions ne sont pas des sinécures. Plus de 1,500 élèves, *européens* et arabes, musulmans et israélites, fréquentent ces 42 écoles, ce qui donne par chaque classe et chaque instituteur une moyenne d'environ 36 enfants.

» Sur le second chiffre de 42, celui qui se rapporte aux instituteurs primaires, *nous pouvons passer purement et simplement un trait de plume*. Que restera-t-il donc d'un total démesurément enflé? Quel est le résultat définitif? Faisons à notre tour le calcul vrai, juste, exact.

» 1° 1 inspecteur général de l'enseignement arabe;

» 2° 3 professeurs d'enseignement supérieur de l'arabe;

» 3° 2 professeurs dans les colléges impériaux arabes-français d'Alger et de Constantine;

» 4° 3 professeurs d'arabe aux colléges de Bône, d'Oran et de Philippeville.

» Ensemble 9 professeurs, 9 Français « appartenant à l'élément » civil » qui parlent l'arabe, et non pas 74 comme le prétendent MM. Jules Duval et Warnier.

» Est-ce clair? Et quand M. le ministre d'Etat, répondant à une interruption de M. Lanjuinais, admettait comme probable le chiffre de *dix* Français de l'ordre civil parlant l'arabe, N'ÉTAIT-IL PAS EN PLEIN DANS LA VÉRITÉ? »

D'après le *Constitutionnel*, « notre légèreté » doit être terrassée après cette formidable démonstration. Eh bien! plus que jamais nous soutenons ne pas nous être trompés, et que c'est M. le ministre d'Etat qui a été induit en erreur; car ce n'est pas DIX Français de l'ordre civil qui parlent l'arabe, mais DIX MILLE et plus. Nous allons le prouver.

Procédons avec ordre. Examinons successivement où en est la connaissance de la langue arabe : 1º Dans le personnel enseignant, avec les résultats acquis depuis la fondation des établissements d'instruction publique en Algérie; 2º dans le personnel des diverses administrations civiles, où l'étude de la langue arabe a toujours été encouragée; 3º dans la population coloniale, continuellement mélangée avec la population indigène, et où l'enseignement mutuel est pratiqué sur une grande échelle; 4º dans le personnel du commandement et des bureaux arabes, afin que la comparaison soit possible.

Personnel enseignant et élèves.

On nous accorde l'inspecteur général de l'enseignement arabe, M. le docteur Perron. Disons-le pour qu'on ne l'oublie : ce maître, entre tous les maîtres, est l'arabisant le plus fort, non-seulement de la France et de l'Europe, mais encore de l'islamisme en son entier. Directeur de l'Ecole de médecine du Caire et de l'imprimerie vice-royale d'Egypte, avant de venir prendre en Algérie la haute direction de l'enseignement bilingue, il avait traduit et imprimé, du français en arabe, la plupart de nos livres élémentaires de sciences, et, de l'arabe en français, une collection considérable d'ouvrages spéciaux, entre autres le *Traité de jurisprudence musulmane de Sidi-Khelil*, en six gros volumes.

Ouvrons ici une parenthèse.

M. le docteur Perron vient de terminer la traduction d'un ouvrage important qui a pour titre *Balance de la loi*, dont le manuscrit a été communiqué à quelques amis et à quelques magistrats éclairés.

Cet ouvrage est la concordance ou la pondération des quatre rites musulmans orthodoxes: *hanbalite, schaféite, malékite et hanéfite*, ou pour mieux dire la comparaison des divergences légales de chaque rite, divergences qui varient du plus ou moins de rigueur ou de tolérance dans les diverses interprétations judiciaires de la loi unique : le Coran.

N'est-il pas de la dernière évidence que nos magistrats français, chargés de l'application de cette loi unique, ont besoin de connaître ces diverses interprétations orthodoxes, afin d'en glisser l'esprit, quand ces interprétations se concilient avec le progrès, dans les nombreux jugements qu'ils sont appelés à rendre? De cette façon, sans blesser les idées musulmanes, sans trop heurter les susceptibilités des connaissances étroites, on peut introduire des réformes utiles ou au moins des améliorations notables dans le chaos des coutumes locales, où nos magistrats manquent d'une boussole sûre pour se guider.

Des quatre rites orthodoxes, celui qui a le moins subi l'influence des gouvernements réguliers est le rite malékite, celui en usage en Algérie; il est à désirer que nous lui donnions la tonicité gouvernementale et administrative qui lui manque. Nous ne pouvons trouver ce confortant que dans les autres rites ; c'est pourquoi, nous demandons au gouvernement de faire publier *la Balance de la loi musulmane*, qui sera le complément utile, nécessaire, du *Traité de jurisprudence malékite de sidi-Khelil* dont la publication a déjà rendu de si grands services à notre magistrature.

La traduction d'un autre ouvrage nous manque également: celle du fameux *Sahih* de Sidi-el-Bokhari ou collection des paroles, des actes, des actions même du prophète, collection qui constitue la *Sounna* , complément du Coran et qui est la base de toutes les décisions jurisprudentielles, tant de la loi civile que de la loi religieuse dans tout l'Islamisme.

Nous voulons amener les musulmans de l'Algérie à une civilisation plus avancée, plus rapprochée de la nôtre, et pour cela, nous avons parfaitement raison de demander aux Français d'apprendre la langue arabe et aux Arabes d'apprendre la langue française; mais les mots ne sont utiles que pour formuler des idées; et avant tout nous avons besoin de nous initier aux idées musulmanes, nous devons connaître ce qu'ils savent et le connaître tel qu'ils le savent, comme le leur ont enseigné leurs maîtres les plus vénérés : or Sidi-el-Bokhari est le plus grand entre tous.

Afin de réussir dans la voie tracée par l'Empereur lui-même, nous devons nous inspirer aux sources même de l'Islamisme, pour savoir là où la conciliation est possible, pour savoir ce que l'on peut demander immédiatement ou avec le concours du temps.

Nous sortons de notre programme à propos du nom du docteur Perron. Eh mon Dieu! il y a une raison majeure pour cela: le temps presse et le traducteur de Sidi-Khelil est le seul qui puisse nous donner une bonne traduction de Sidi-el-Bokhari.

On use les dernières forces d'un savant, déjà âgé, à parcourir les trois provinces de l'Algérie pour aller inspecter des écoles où l'on apprend le *b a ba* à des enfants; et on oublie que nous, hommes, publicistes, magistrats, administrateurs; gouvernants et gouvernés, nous avons besoin de pénétrer dans beaucoup de mystères que nous ignorons, mystères qui se posent vis-à-vis de nous sous forme de problèmes à résoudre et que ce savant peut résoudre mieux que personne !

Mais revenons à notre sujet: celui un peu plus terre à terre des objections du *Constitutionnel.*

On nous accorde les trois professeurs aux chaires publiques d'arabe (enseignement supérieur). Disons leur labeur quotidien.

M. Bresnier est titulaire de la chaire, à Alger, depuis le commencement de 1837. Il y a donc aujourd'hui trente et une années scolaires complètes que ce professeur fait un cours public d'une heure et demie chaque jour de la semaine.

Sans tenir compte des auditeurs réfractaires ou irréguliers, on peut estimer à une moyenne annuelle minimum de 40 les élèves qui ont tiré un profit sérieux de l'enseignement. Total des élèves, non fruits secs, de la chaire publique d'Alger : 1,240.

Au nombre de ceux qui ont suivi ces cours avec succès, on peut citer, entre autres : M. Gorguos, qui a été professeur d'arabe au lycée d'Alger; M. Houdas, qui a succédé à M. Gorguos; M. Richebé, titulaire actuel de la chaire arabe de Constantine; M. Cherbonneau fils, professeur d'arabe au collége impérial arabe d'Alger; M. Vignard, qui, nous le croyons, avant d'être commissaire civil à Batna, a aussi professé l'arabe. On peut citer également, comme justifiant de connaissances complètes en arabe, MM. Vaysseltes et Laruelle, traducteurs assermentés près de la justice française algérienne. Nous négligeons volontairement les noms des élèves de cette chaire, qui ont fourni des sujets distingués à toutes les carrières.

· Mais, M. Bresnier n'a pas professé qu'à la bibliothèque et au musée d'Alger, où nous constatons qu'il a fait...................... 1.240 élèves

Il a, en outre et concurremment, professé, savoir :

Au collége (aujourd'hui lycée) pendant six ans .... 380 —

Aux deux séminaires pendant sept. ans.... 250 —

A l'Ecole normale depuis deux ans........ 60 —

Total................. 1.930 élèves

Nous croyons savoir que M. Bresnier n'estime pas à moins de 2,000 élèves, en nombre rond, ceux qui sont sortis de ses cours sachant parler, lire et écrire l'arabe, et dans ce nombre les neuf dixièmes appartiennent à l'élément civil.

M. le professeur Bresnier a, en outre, publié des travaux d'enseignement dont nous trouvons les titres dans les catalogues des diverses librairies algériennes, savoir : *Cours autographié*, *Cours théorique et pratique*, *Chrestomathie*, *Anthologie*, *Principes élémentaires d'arabe*, *Modèles d'écriture*, *Djaroumiya* (2 éditions).

Environ 6,000 exemplaires de ces ouvrages sont entrés dans la circulation, ce qui indique que beaucoup de personnes éloignées de la ville d'Alger, ne pouvant suivre les cours de l'éminent professeur, ont dû perfectionner dans l'étude du cabinet ce qu'elles apprenaient chaque jour dans la pratique de la vie arabe.

Les chaires arabes publiques d'Oran et de Constantine sont fondées depuis 1847. MM. Ademar et Cherbonneau père, — ce dernier aujourd'hui directeur du collége impérial arabe-français d'Alger, — en ont été les premiers professeurs; aujourd'hui, MM. Combarel et Richebé en sont les titulaires. Comme à Alger, les cours ont lieu à Oran et à Constantine tous les jours, le dimanche excepté. A Oran, M. Combarel publie le *Falot de l'arabisant*, ce qui implique l'existence de lecteurs bilingues.

A supposer que ces deux chaires réunies n'appellent pas un plus grand nombre d'auditeurs sérieux que celle d'Alger seule (1), le nombre des élèves y formés depuis 21 ans, s'élèverait à 840. Mais à Constantine, M. Richebé enseigne aussi

---

(1) Le dernier volume des *Tableaux de la situation des établissements français en Algérie*, 1866 (page 156), donne le nombre des élèves qui ont suivi ces cours dans les trois dernières années.

l'arabe au collége (1) depuis quelques années déjà, de sorte que nous pouvons porter à 1,000 le nombre total des élèves formés par ces deux professeurs et sachant parler, lire et écrire l'arabe.

Passons aux colléges impériaux arabes-français d'Alger et de Constantine.

Le *Constitutionnel* croit nous prendre en flagrant délit d'erreur en nous rappelant — ce que nous savions — que, dans ces deux établissements, deux professeurs seulement enseignent l'arabe, M. Cherbonneau fils à Alger et M. Machuel à Constantine, et que leurs autres collègues, chargés d'enseigner la langue française, la littérature, l'histoire, la géographie, les mathématiques, le dessin, le chant, la gymnastique, quelques éléments des sciences: (mécanique, cosmographie, physique, chimie, histoire naturelle,) professent tous en français. Par Dieu, il y a une raison majeure à cela : la langue arabe a si peu de mots applicables aux sciences exactes, qu'à moins de procéder comme les israélites indigènes qui arabisent les mots étrangers dont ils ont besoin, il fallait nécessairement enseigner en français ce qu'on ne pouvait apprendre aux élèves avec l'arabe. Mais ce n'est pas une raison pour que ces professeurs spéciaux, continuellement en relations avec des élèves indigènes, appelés parfois à conférer avec leurs parents, ne sachent pas quelque peu d'arabe, sinon assez pour professer les sciences en cette langue — ce qui n'est tout au plus possible que pour quelques arabisants hors ligne — néanmoins suffisamment pour que leur savoir puisse être réputé égal à celui des officiers des bureaux arabes. A Alger, M. Cherbonneau père, directeur du collége, a publié trop de livres en arabe — on peut en demander le catalogue à la maison Hachette — pour ne pas être réputé savoir l'arabe, quoique le *Constitutionnel* oublie de le compter parmi les

---

Voici ces nombres :

	1864	1865	1866
Alger..........................	45	38	42
Oran	31	17	18
Constantine	23	16	15

C'est, dit le rédacteur, parmi ces élèves que l'administration recrute plus particulièrement, à la suite de concours, les interprètes dont elle a besoin.

(1) Le collége de Constantine comptait 122 élèves en 1865 et 148 en 1866.

professeurs qu'il nous accorde. Il y a encore à Alger, nous le croyons, parmi ces professeurs, **M.** Neyrand, chargé des cours supérieurs de la dernière année, qui a appris l'arabe littéraire et qui le sait, bien qu'il ne soit pas obligé de le savoir. Au collége de Constantine, comme à celui d'Alger, il y a connaissant l'arabe, M. Neyrand, principal professeur des cours de deuxième année et M. Houdin, principal professeur des cours de première année.

La question des professeurs vidée, examinons celle des élèves de ces deux établissements mixtes. A côté des indigènes, il y a aussi des élèves français qui, dans les récréations, dans les divers exercices non religieux, sont pêle-mêle, reçoivent le même enseignement, la même éducation et n'en sortent que sachant parler, lire et écrire l'arabe.

Celui d'Alger a terminé aujourd'hui sa onzième année scolaire; les cours étant de trois ans, et le nombre moyen des élèves français qui ont suivi annuellement les cours étant de 60, le chiffre des Français bilingues qui en est sorti est au moins de 220, on dit même 300.

Jusqu'en 1865, les élèves français de ce collége remportaient généralement les prix de thème et de version arabes, et même les prix d'honneur accordés à la langue arabe semblaient leur appartenir de droit. Depuis, la chance a viré de bord. Mais ce qui prouve mieux que les prix le bon résultat, c'est que neuf des élèves français, au sortir de leurs classes, ont obtenu au concours neuf emplois d'interprètes militaires.

Le collége arabe-français de Constantine atteint pour la première fois, en 1868, la série des cours de troisième année; nous ignorons le chiffre exact des élèves français qui y sont admis, mais, par le palmarès de cette année, nous savons qu'il y en a un certain nombre et qu'ils y obtiennent des succès dans l'étude de la langue arabe.

Ainsi, *en première année*, trois Français: Testanière (Eugène), Bonnissol (Auguste), Morel (François), obtiennent, en concurrence des Arabes, deux prix et quatre accessits en version arabe et en thème arabe.

En deuxième année, Clerget (Henri), Neyrand (Paul), Lecavelier (Marius), remportent également en thème et en version arabes, deux prix et quatre accessits.

Enfin, *en troisième année*, Bourdais (Paul), Aublin (Ferdinand), obtiennent le 1er et le 2me prix de thème arabe et, en version, Bourdais a encore le 1er prix et Barision (Emile) le 2me. Sur huit accessits, quatre sont dévolus à des Français, entre autres deux à Aldebert (Ferdinand) et les Arabes n'ont que quatre accessits.

Ainsi, au seul collége arabe de Constantine, collége à son début, voilà dix noms d'élèves apprenant et sachant parler, lire, écrire et traduire l'arabe, juste le chiffre que M. Rouher accordait à l'ensemble de l'élément civil en Algérie.

Nous ne faisons pas encore entrer le produit de cet établissement en ligne de compte, nous constatons qu'à l'avenir, bon an, mal an, il va nous donner régulièrement une vingtaine de jeunes français arabisants.

Arrivons aux colléges et institutions d'enseignement secondaire. Il y a dix ans, on en comptait déjà 6 avec 798 élèves; aujourd'hui, ils en ont 856. Dans ces établissements, comme au lycée d'Alger, comme dans les séminaires, on enseigne l'arabe, et à la fin de leurs études, ceux qui en sont sortis — il y en a déjà 500 environ — parlent, lisent et écrivent. Parmi eux, la moitié peuvent tenir une correspondance en arabe — ce que ne peuvent faire les neuf dixièmes des officiers des bureaux arabes.

Le lycée d'Alger où l'on fait des études plus complètes que dans les colléges départementaux et communaux — compte, depuis que M. Bresnier a cessé d'y enseigner l'arabe, les élèves formés par MM. Gorguos et Houdas et que nous croyons pouvoir porter sans exagération à 1,200, l'effectif moyen de cet établissement étant de 500 élèves environ.

Récapitulons avant de passer à l'enseignement primaire.

Enseignement supérieur..................	2.700 élèves
Enseignement des colléges arabes........	220 —
l'nseignement des colléges français......	500 —
Enseignement du lycée d'Alger..........	1.200 —
Total.......	4.620 élèves

Notons que ces 4,600 élèves ont appris à parler, lire, écrire, traduire méthodiquement, grammaticalement, sous les yeux de professeurs diplômés, agréés par l'Université et payés par le budget pour enseigner.

Maintenant, combien d'hommes faits, amis de l'étude, loin des professeurs et des cours, ont appris l'arabe à l'aide des livres ? Nous en connaissons beaucoup, et, certes parmi eux, il y en a qui sont parvenus à des résultats merveilleux.

Le *Constitutionnel* raye de la liste des bilingues de l'Algérie les quarante-deux directeurs des écoles arabes primaires des trois provinces. Pourquoi? Parce qu'ils sont chargés d'apprendre aux enfants arabes la langue française et non la langue arabe que les maîtres d'école indigènes leur enseignent. Et si, par surcroît, ces braves maîtres, la plupart isolés au milieu des indigènes, savent l'arabe, le *Constitutionnel* ne s'en inquiète pas : ils ne doivent pas le savoir et tout est dit. Eh bien ! tous parlent, lisent, écrivent, traduisent l'arabe et quelques-uns passent pour être très instruits en ces matières.

En veut-on la preuve légale ?

L'article 5 du décret du 14 juillet 1850 contient ce qui suit :

« Nul ne pourra être nommé à l'emploi de directeur d'école arabe française, s'il n'est pourvu d'un certificat d'aptitude délivré par le jury d'examen des interprètes militaires. »

L'arrêté du gouverneur général du 2 mai 1865 exige moins, il est vrai, parcequ'en 1865 on a besoin d'un plus grand nombre d'instituteurs et qu'on craint de ne pas les trouver immédiatement.

Il dit :

« Art. 4. — Nul ne peut être nommé directeur d'une école arabe française s'il n'est pourvu du brevet de capacité exigé pour les instituteurs primaires en France.

« Toutefois, il sera tenu compte aux aspirants aux emplois de directeur de leurs connaissances dans la langue arabe et l'acquisition de ces connaissances sera un motif de préférence pour le choix des directeurs. »

A cette preuve générale empruntée à la législation du pays, nous pouvons ajouter la preuve nominale du fait.

M. Depeille, directeur de l'école d'Alger, qui est un des fondateurs de l'enseignement arabe primaire en Algérie, ne serait pas, comme il l'est, entouré de la considération des indigènes, s'il ne connaissait leur langue. M. Nantis, adjoint de M. Depeille, sait aussi l'arabe.

Que feraient, au milieu des Attaf, M. Riesterer, — au milieu des Beni-Zoug-Zoug, M. Gentillon, — au milieu des Djendel, M. Robert, — chez les Hœumis, M. Fougeroux, — chez les Ouled-Farès, M. David (Casimir), — s'ils ne savaient pas la langue des tribus dans lesquelles ils enseignent ? Quand leurs élèves font l'école buissonnière — ce qui est commun et facile dans les broussailles — il est au moins nécessaire qu'ils puissent en informer les parents ! Et puis, ne tarderaient-ils pas à succomber à la nostalgie, au *spleen*, s'ils n'avaient pas la ressource de se distraire en conversant avec ceux qui les entourent ?

Pour MM. Riesterer et Fougeroux nous sommes certains qu'ils savent l'arabe.

Il en est de même de M. Demonque, instituteur à Djelfa.

Mme Luce, fondatrice en Algérie de l'instruction à l'usage des jeunes filles musulmanes, sait l'arabe assez bien pour qu'on puisse la citer.

Dans la province d'Oran la situation est la même:

M. Delort, donne des leçons d'arabe au fils de M. Brosselard, préfet à Oran;

M. Destrées touche une prime pour avoir justifié, par un examen, qu'il possède la connaissance de la langue arabe;

M. Pignon est dans la même condition;

M. Douïn cumule les fonctions d'instituteur avec celles de secrétaire de l'agha de Frenda.

Pour la province de Constantine, nous savons que MM. Antoine, Blanc, Bacqué, Margaillon, Colombo, Verdura, Beun, Védrenne de la Chapelle, non-seulement savent l'arabe de manière à être réputés arabisants, mais encore sont en mesure de l'enseigner et l'enseignent. Ainsi, M. Antoine, dans des cours libres, a formé depuis quinze ans, environ 150 élèves, élèves civils, parlant et écrivant l'arabe assez bien pour qu'une quinzaine d'entre eux aient passé, avec succès, les examens qui font obtenir une prime aux agents de l'administration, et pour que d'autres aient pu être admis dans le corps des interprètes militaires.

Mme Parent, directrice de l'école des jeunes filles musulmanes de Constantine, et Mlle Klein, sa sous-maîtresse, enseignent aussi à leurs élèves et l'arabe et le français.

Quant aux directeurs des écoles sur lesquels nous n'avons pas de renseignements, il est certain qu'ils savent au moins parler l'arabe.

On a négligé, sans doute, d'informer le *Constitutionnel* qu'un tiers de ces instituteurs sont envoyés, seuls, sans aucune protection autre que le respect dont ils s'entourent, loin de toute autorité civile ou militaire, au milieu des tribus arabes, et que cet isolement exige impérieusement qu'ils sachent la langue du pays, ne fût-ce que pour veiller à leur propre sécurité et pourvoir aux besoins matériels de leur existence. Nous avons cité les noms de cinq instituteurs dans ces conditions; il y en a d'autres encore.

En constatant que ces simples maîtres d'école savent l'idiôme du pays, nous n'avons pas la prétention de leur décerner un brevet de maîtres ès-langue arabe. Pour le plus grand nombre, le savoir est modeste comme leurs personnes; mais il est hors de doute que la très grande majorité des officiers des bureaux arabes, est, sous ce rapport, inférieure à ces humbles instituteurs.

Quand on trouve, pour aller remplir de telles fonction:
dans les tribus et moyennant un très faible salaire, de:
hommes d'un tel mérite, qui oserait douter qu'on pût er
trouver d'autres pour remplacer les officiers des bureau:
arabes?

Maintenant, dans les écoles primaires arabes-françaises, i
n'y a pas que les maîtres qui soient Français ; parmi le:
élèves on compte des fils de colons en assez grand nombre
181 en 1866. Croit-on que ces enfants français mêlés à 92:
musulmans, n'apprennent pas l'arabe? Leurs parents ne le:
y envoyent que pour cela. De ces institutions spéciales sor
tent annuellement une cinquantaine de jeunes français par
lant l'arabe comme leur langue maternelle.

En dehors de tous ces établissements spéciaux ou
verts pour apprendre le français aux indigènes et l'arab
aux Français, il y a encore des instituteurs communaux e
privés qui suivent les cours des chaires publiques d'arabe
sans doute en vue d'utiliser, dans leur enseignement, c
qu'ils apprennent des professeurs.

A Alger, on cite M. Barroil, dont la femme est directric
d'un ouvroir musulman, qui sait l'arabe de manière à pou
voir l'enseigner; — N. Nathan Carcousse, qu'on dit trè
instruit; — M. Kohn, aujourd'hui décédé, qui était égale
ment un érudit.

A Constantine, on nomme M. Weill, M. Uhry et un jeun
homme à l'école des frères, qui enseignent l'arabe ou peu
vent l'enseigner.

A Guelma, M. Toudouze fils donne des leçons de langu
arabe.

Et nous ne connaissons pas tous ces hommes modeste
auxquels leur dévouement interdit la réclame.

Dans cette énumération, nous ne devons pas oublier le
instituteurs rabbiniques des trois provinces qui, tous, son
polyglottes et forment d'excellents élèves, dont quelques-un
sont devenus professeurs d'arabe et un grand nombre inter
prètes. Par leurs soins, tous les israélites indigènes sa
vent l'arabe et le francais, et ils sont au nombre de 33,952.

Administrations civiles. — Arabisants primés.

Nous connaissons déjà, par les chiffres qui précèdent, 1
résultat d'efforts continus et progressifs qui datent de 10, d
de 20 et 30 ans; suivons-en les effets dans la société algé
rienne.

Depuis que l'administration civile a commencé à fonctionner en Algérie, elle a institué des primes d'encouragement à l'étude de la langue arabe pour ceux de ces agents qui justifieraient, par examen, s'être livrés à ces études.

Ces examens sont de deux classes et non de trois, comme nous l'avons dit, par erreur, dans notre lettre du 3 août. Dans l'examen du 1er degré, les connaissances exigées sont limitées à l'utilité que le candidat peut en retirer dans l'exercice de ses fonctions; on exige la justification d'un savoir réel dans l'examen du 2e degré. Les primes sont de 200 et 400 francs par an. Toutefois, les primes du 1er degré ne sont que temporaires et si ceux qui les ont obtenues ne passent pas l'examen du 2e degré dans un temps réglementaire, ils en perdent le bénéfice, à moins qu'ils ne justifient, par des progrès continus, qu'ils méritent de conserver cette prime à titre d'encouragement.

On impose aux candidats pour l'obtention des primes, savoir :

Pour la prime de 2e *classe,* les matières de l'examen d'aptitude aux fonctions d'interprète militaire de 2me classe ;

Pour la prime de 1re *classe,* le programme de l'examen que doivent subir les interprètes militaires de 2me classe pour être admis à concourir à l'avancement dans le grade de 1re classe.

Les agents de l'administration civile sont seuls admis à passer les examens donnant lieu à ces primes.

Depuis la fondation de ces primes, une centaine environ d'agents des divers services administratifs des trois provinces les ont obtenues, savoir : 50 dans la province d'Alger, dont 10 du degré supérieur; 21 dans la province d'Oran; 27 dans la province de Constantine, dont 7 définitives et 20 renouvenables.

Dans ces chiffres, ne sont pas compris ceux qui ont renoncé à poursuivre les épreuves.

Parmi ceux qui ont obtenu ces primes, on cite les noms suivants :

ALGER. — *Trésorerie:* MM. Wittersheim, aujourd'hui directeur de la banque d'Oran; Chaillu, payeur. — *Préfecture:* Tellier, secrétaire général ; de Casamajor, employé.

Nota. — Pour la province d'Alger, nous garantissons le chiffre de 50 agents des administrations ayant obtenu des primes, mais il nous a été impossible d'obtenir, comme pour les autres provinces, la liste des personnes qui touchent ces primes. A Alger, sous la surveillance immédiate de l'autorité supérieure, on se procure

difficilement les renseignements les plus simples. Il est vrai qu
nous ne les avons pas demandés à cette autorité supérieure. Avons
nous eu tort ou raison ? Dans le doute sur l'accueil qui serait fait
notre demande, nous avons préféré nous abstenir.

ORAN. — *Préfecture* : MM. Brosselard, préfet; Balliste, con
seiller ; Hugonnet, ex-chef du bureau arabe civil ; Monin (
Laune, adjoints au susdit bureau ; Combes, Dumont, Laurè
employés ; — *Trésor :* Roy, payeur adjoint ; — *Contributior
diverses :* Lioult, employé ; — *Service topographique :* Riebourç
géomètre.

MOSTAGANEM. — *Sous-préfecture :* MM. Gasselin, chef d
bureau arabe civil ; — *Ecole arabe française :* Destrées, d
recteur.

St-DENIS DU SIG. — *Commissariat civil :* MM. Ollivier, con
missaire civil; Dandrade, secrétaire.

TIARET. — *Commissariat civil :* MM. Jeanningros, commu
saire civil; Daniel, secrétaire.

AIN-TEMOUCHENT. — *Commissariat civil :* MM. Payen, con
missaire civil; Ouvré, secrétaire.

RELIZANE. — *Commissariat civil :* M. Perrin, secrétaire.

TLEMSEN. — *Ecole arabe française :* M. Pignon, directeur.

CONSTANTINE. — *Préfecture :* MM. de Toustain, préfet ; Ba
liste, Dolly, détaché au ministère de la guerre, Brosse, sou
chefs de bureau; Dowber, Faure (Jacques), Faure (Louis
Gautier, Moncoup, Temime, Oppetit (François), Oppet
(Gaston), employés ; — *Ponts et chaussées :* Garnier, Bonifa
Schmit, Bacsu, employés ; — *Contributions diverses :* Card
Guérin, employés ; — *Magistrature :* Joffre, juge au tribun;
de 1re instance.

BATNA. — *Commissariat civil :* M. Vignard, commissaire c
vil ; — *Etablissements pénitenciers :* M. Bacsu, inspecteur
Lambèse.

SÉTIF. — *Magistrature :* M. de Senhaux, juge au tribun;
de 1re instance.

Dans les autres localités des provinces, nous écrit-on, bo
nombre de fonctionnaires et d'employés de l'administratic
civile ont les connaissances en arabe voulues pour pass
les examens de 2me classe, mais ils y renoncent, d'abo
parce que la prime de 200 francs n'est pas une rémunératic
suffisante, mais surtout parce que les examens n'ont li
qu'au chef-lieu provincial, qu'ils sont renouvelables tous l
trois ans et que les dépenses de voyages et de séjour sont
peine couvertes par la prime ou créent un déficit dans le
modeste budget annuel, au cas d'insuccès.

Combien d'autres fonctionnaires, agents et employés, dans toutes les administrations civiles, possédent les connaissances requises pour ces examens et n'ont pas voulu les subir ? Nous en connaissons bon nombre, et la réserve qu'ils se sont imposée à eux-mêmes nous oblige de taire leurs noms. Quand un fonctionnaire est dans une position élevée, déjà d'un certain âge, il ne s'expose pas aux chances d'un examen.

Ajoutons que, dans la plupart des carrières administratives civiles de l'Algérie, on exige des examens d'admission et que, parmi les matières de l'examen, la langue arabe figure quand elle est nécessaire.

En tête de l'administration civile, se trouvent trois préfets et trois conseillers-rapporteurs au conseil du gouvernement. Sur ces six fonctionnaires d'ordre supérieur, quatre parlent, lisent, écrivent, traduisent l'arabe, à un degré, pour trois d'entre eux, qui n'a encore été atteint par aucun militaire depuis 1830. Un de ces arabisants sait de plus la langue berbère et a publié le dictionnaire d'un de ses nombreux dialectes.

M. le ministre d'Etat a cité à la tribune le nom d'un magistrat, M. Letourneux, comme ayant étudié très profondément la langue arabe. Sans sortir du personnel de la justice, il aurait certainement pu citer dix arabisants, non moins distingués que M. Letourneux, et entr'autres, M. Solvet, président de chambre honoraire à la Cour impériale d'Alger, M. de Tonnac, conseiller à la même cour, M. Chieusse, juge au tribunal de 1re instance de Constantine et beaucoup d'autres, presque tous ceux qui sont entrés, en Algérie même, dans la carrière de la magistrature.

Avec plus de pratique des choses algériennes, M. le ministre d'Etat saurait que M. Paulmier, ancien conseiller à la Cour impérial d'Alger a, dès 1847, publié un dictionnaire français-arabe de la langue usuelle de l'Algérie et que M. Dubard, aujourd'hui juge d'instruction à Paris, après avoir été procureur impérial en Algérie, est auteur de travaux qui témoignent d'une connaissance sérieuse de la langue arabe.

Depuis l'institution de la magistrature française en Algérie, l'étude de la langue arabe a toujours été en grande faveur parmi les hommes consciencieux appelés à rendre des jugements dans des affaires où la connaissance de l'idiôme des indigènes n'était pas une superfluité.

Dans les diverses études d'officiers ministériels, défenseurs et avocats, notaires, huissiers, commissaires-priseurs, où chaque jour on a des intérêts, des affaires, des procès dans lesquels des indigènes sont parties en cause, on trouve toujours, soit dans le maître de l'étude, soit dans le personnel des clercs, quelqu'un qui parle l'arabe. Tout récemment, M. Sabatery, défenseur à la Cour impériale d'Alger, a publié un livre sur la législation musulmane; M. Cadoz, huissier à Mascara, a écrit plusieurs ouvrages sur la langue arabe.

Près de chacun des 65 siéges de justice civile, il y a des interprètes judiciaires et des experts bilingues; près de chacun des neuf siéges des tribunaux de première instance sont des traducteurs assermentés; souvent les juges d'instruction ont leurs interprètes particuliers.

Dans le service de la police, une condition d'avancement est de savoir quelque peu d'arabe; beaucoup de gendarmes comprennent et savent se faire comprendre.

Il est très probable que ni monseigneur Pavy, ni monseigneur Lavigerie n'eussent jamais songé à catéchiser les indigènes musulmans, si, dans le clergé algérien, il n'y avait pas quelques prêtres arabisants. Comment l'archevêque actuel aurait-il pu donner l'hospitalité à un millier d'enfants et de femmes que la famine a jeté dans ses bras, s'il n'avait eu des auxiliaires parlant la langue de malheureux qui ne savaient pas un mot de français? Le clergé, obligé par profession à une certaine réserve, étudie l'arabe, dans le calme de la cure, à l'aide des ouvrages de M. Bresnier et autres professeurs.

Parmi les prêtres arabisants, nous devons nommer l'abbé Suchet, grand vicaire à Alger, l'abbé Pavy, frère du précédent évêque de l'Algérie, l'abbé Delapar, ancien professeur d'arabe au séminaire d'Alger, M. l'abbé Vincent, chanoine à Constantine, l'abbé Vincent, prêtre, l'abbé Bargès, qui a écrit une notice sur la dynastie berbère des Beni-Zian de Tlemsen, les RR. PP. Ducat et Creuzat de la Compagnie de Jésus, sans compter ceux plus nombreux que nous ne connaissons pas.

Nous avons dit quel degré de connaissances en arabe possédait le personnel de l'instruction publique, nous n'avons pas à y revenir; mais nous ne pouvons passer sous silence les bibliothèques, les musées, les sociétés savantes, les imprimeries qui comptent des arabisants d'un certain mérite, entre autres M. Berbrugger, qui a traduit plusieurs ouvrages d'histoire ou de voyages arabes ; M Mac-Carthy, ingénieur géographe, auquel l'Algérie est redevable d'études très complètes sur le pays ; M. Elie de la Primaudaie auquel on doit de nombreuses recherches sur le commerce du nord de l'Afrique et sur les relations des puissances chrétiennes avec les Etats berbèresques avant 1830 ; le docteur Bertherand qui a publié un livre sur la médecine des Arabes ; le corps médical civil, qui, dans sa pratique journalière, donne des soins aux indigènes, les interroge sans le concours d'aucun interprète ; la Société historique algérienne, la Société archéologique de Constantine, l'Académie d'Hippône, qui, chaque jour, témoignent de l'érudition orientale de quelques-uns-de leurs membres civils dans les travaux qu'elles publient.

A Alger, on compte au moins trois imprimeries pourvues des caractères arabes nécessaires pour éditer tel ouvrage arabe qu'on voudra ; dans les provinces d'Oran et de Constantine on en trouve également quelques-unes. Croit-on qu'on pourrait publier, ne fût-ce que des annonces, des affiches, sans compter les journaux et les livres, s'il n'y avait pas dans le pays des compositeurs et des correcteurs sachant lire et écrire l'arabe ?

A l'Exposition universelle de Paris, en 1867, une seule maison d'Alger, l'imprimerie Bastide, avait exposé plus de trente ouvrages en caractères arabes, imprimés chez elle. Croit-on qu'elle les eût édités à grands frais, si elle n'avait compté que sur des lecteurs et acheteurs indigènes ?

Pour la seule ville de Constantine, on nous cite comme ayant publié des ouvrages sur la langue arabe : MM. Antoine et Vayssettes (travaux pédagogiques), Martin, interprète principal en retraite, Vignard et Sauvaire.

Tout ces détails, qu'on est tout étonné d'être dans l'obligation d'aborder, ne sont pas inutiles, puisqu'à Paris, au sein même du gouvernement, on les ignore. Ils prouvent, dans tous les cas, quel chemin, nous colons, jugés indignes d'exercer des droits politiques, nous avons parcouru depuis 1830.

Continuons notre revue des services publics.

Dans le service des domaines, la connaissance de la langue arabe est nécessaire pour la recherche et l'administration des propriétés de l'Etat disséminées dans toute l'étendue de l'Algérie. Or, comme on n'a jamais accusé ce service que d'excès de zèle dans la défense des droits des anciens beyliks, il est probable que ses agents savaient la langue en usage dans ces anciens beyliks. Dans chaque province, il y a un conservateur spécial des archives arabes, lequel nécessairement doit savoir lire ses archives. M. Devoulx, titulaire de cet emploi à Alger, nous a prouvé, par la traduction de pièces historiques qu'il a publiées, qu'il était à la hauteur de ses fonctions.

Dans le service des contributions diverses, un contact journalier avec les contribuables indigènes amène forcément les receveurs et contrôleurs, au bout de quelques temps d'exercice, à parler l'arabe, peu ou beaucoup. Aussi n'est-il pas étonnant que ce service compte quelques arabisants distingués: M. d'Houdetot, inspecteur à Alger, M. Planteroux, contrôleur à Oran, et probablement d'autres que nous ne connaissons pas.

De même, dans le service des postes, l'obligation de recevoir, de transmettre et de distribuer des lettres dont les adresses sont écrites en arabe, exige dans chaque bureau important au moins un agent pour lire ces adresses. Ces agents existent.

Qui oserait nous dire qu'il y a un agent du service actif des forêts ne sachant pas parler au moins quelque peu l'arabe, condition *sine qua non* pour interroger un indigène délinquant pris en flagrant délit de contravention aux lois et aux réglements et en dresser procès-verbal? Puis, comme le domaine, ce service est propriétaire foncier et, comme dit le proverbe: « Qui terre a, guerre a. » A chaque instant, les conservateurs, les inspecteurs et gardes ont à traiter avec les indigènes pour des droits d'affouage, de pacage, de dessouchage et autres et, quoique français, ils traitent, parce qu'ils savent l'arabe.

Pour la topographie, pour le cadastre des terres, dont pas une parcelle ne porte un nom français, dont pas un propriétaire, sauf de très rares exceptions, ne sait notre langue, comment les géomètres pourraient-ils procéder au dressage de leurs plans, s'ils ne pouvaient demander les noms et les limites de chaque parcelle, celui du ou des propriétaires et les écrire correctement? Cette tâche délicate, pénible, peu rétribuée, est cependant remplie sur toute l'étendue du territoire algérien, à raison de 300,000 à 500,000 hectares en moyenne par an et par des agents exclusivement civils, isolés, vivant pendant des mois, des trimestres entiers au milieu des tribus et sachant se faire respecter des bêtes fauves, des chiens dévorants des douars, comme des plus mauvais sujets d'entre les indigènes. Qu'on nous dise, après cette épreuve, qu'on ne trouverait pas dans l'élément civil de l'Algérie, ni des fonctionnaires en nombre suffisant pour remplacer 194 officiers des bureaux arabes, ni une centaine d'agents pour percevoir les impôts ! On ne les trouve pas, parcequ'on n'en veut pas.

Depuis quelques années, le territoire civil vient d'être soumis à une épreuve bien autrement probante : tous les bureaux arabes civils y ont été supprimés ; et, quoiqu'il y ait 217,098 arabes dans les communes de ce territoire, on ne s'est nullement aperçu de la suppression d'une institution qui cependant était proclamée indispensable. Les maires des communes, choisis parmi les élus de leurs concitoyens et non parmi les bacheliers ès-sciences arabes, ont administré, prescrit, fait exécuter les décisions des conseils municipaux, et indigènes comme Européens ont obéi. Le grand nombre de bilingues dans les deux populations a rendu ce miracle possible, et ce même miracle se reproduirait en territoire militaire si on y supprimait aussi les bureaux arabes. On se gardera bien d'opérer cette réforme et on continuera à soutenir que rien ne pourrait marcher sans cette excellente institution.

A Constantine, sur 18 membres européens qui composent le conseil municipal, le maire et deux conseillers s'expriment facilement en arabe ; la moitié des autres membres comprend les conseillers musulmans, aussi les délibérations sont-elles tenues sans le concours d'interprètes.

Quatre cinquièmes des employés municipaux connaissent l'arabe.

Dans la population, moitié des habitants européens traite les affaires courantes avec les indigènes sans aucun intermédiaire.

Le gouverneur général de l'Algérie est tellement convaincu que l'administration civile possède en bilingues les ressources suffisantes à ses besoins et même au delà, que, par une circulaire datée du 25 septembre dernier — probablement en vue de faciliter notre réponse au *Constitutionnel* — il fait savoir aux préfets que l'administration des indigènes du territoire civil étant remise aux communes, il n'y a plus lieu, pour l'administration départementale, d'accorder des primes à l'étude de la langue arabe ; que désormais, c'est aux municipalités à pourvoir à ce besoin, si elles le jugent nécessaire à leur service.

Par une circulaire antérieure du 15 avril 1868, le même gouverneur avait fait connaître aux autorités municipales que « la dépense résultant pour les communes de l'attribution des primes n'est plus une dépense *obligatoire.* »

C'est peut-être proclamer un peu tôt qu'on n'a plus besoin, au même degré, d'encourager par des primes l'étude de la

langue arabe, mais, quelque soit le mérite de ces deux circulaires, elles attestent que, pour le gouvernement de
l'Algérie, il y a plus de dix arabisants dans l'élément civil
de la colonie.

Population. — Enseignement mutuel.

Dans tout ce qui précède, nous n'avons tenu compte que
de ceux qui sont allés à une école quelconque pour apprendre; nous avons maintenant à faire entrer en ligne tous
ceux auxquels la connaissance de la langue arabe est adve-
nue, on ne sait trop comment, mot par mot, jour par jour,
en respirant le même air que les indigènes, en fréquentant
leurs cafés et leurs marchés, en allant en omnibus, en
corricolos, en chemins de fer avec eux, en les employant
comme domestiques, comme ouvriers, comme fermiers ou
locataires, en leur vendant, en leur achetant, en écoutant
leurs contes, en leur racontant les merveilles de notre pays,
en rompant à une table commune le pain et le sel de l'ami-
tié. Qu'on le sache bien, ce n'est pas si difficile qu'on le
croit: avec un vocabulaire de mille mots dans la tête, on
peut déjà tenir une conversation; avec deux mille, on peut
aborder tous les sujets, et avec quatre mille, on est passé
maître, car il est douteux que dans tous les discours pro-
noncés dans une chambre des députés, même en une session
laborieuse comme celle de 1868, on ait mis à contribution
plus de quatre mille mots de notre dictionnaire. Les plus
anciens d'entre les colons sont arrivés jeunes dans le pays;
quand on est jeune, on apprend vite. Aujourd'hui un tiers
de la population civile y est née et, enfants, beaucoup ont
appris l'arabe comme leur langue maternelle. Les vieux
prononcent mal quelques-unes des lettres qui ne sont pas
dans notre alphabet, ils se rendent coupables de solécismes
et de barbarismes, mais ils comprennent et on les comprend,
c'est là l'important; les créoles prononcent bien et ils ne
font ni plus ni moins de fautes contre les règles que les
indigènes, car on serait dans une grande erreur si l'on
croyait que nos nouveaux concitoyens, illettrés pour la plupart, parlent correctement leur langue. D'ailleurs, la langue
des indigènes de l'Algérie est un dialecte arabe à part,
auquel le contact des Arabes et des Berbères a donné
naissance et dont le dictionnaire n'existe nulle part: c'est
même une lacune à combler que nous signalons au gouvernement, en le priant de considérer ce travail comme un
besoin de premier ordre; car, si les indigènes trouvent dans

nos livres classiques les bases d'études sérieuses, il importe aussi que les colons aient au moins à leur disposition un bon dictionnaire du dialecte arabe algérien (1).

Mais, combien sont-ils, ces vieux colons qui prononcent mal et comprennent et se font comprendre; au moins 3,000.

Et les jeunes créoles qui parlent aussi bien que les Arabes eux mêmes? C'est être bien modeste que de n'en compter qu'un sur dix. Ils sont au nombre de 72,508, dont 2,397 ont plus de 21 ans.

On peut donc, sans crainte d'exagération, estimer à 10,000 le nombre des membres de l'élément civil qui, bien que ne sachant ni lire ni écrire l'arabe, le parlent suffisamment bien pour n'avoir pas besoin d'intermédiaires pour converser avec les indigènes. La facilité avec laquelle se nouent, entre Français et Arabes, et se concluent des affaires qui s'élèvent annuellement à plusieurs centaines de millions, prouve qu'il doit en être ainsi. Et, d'ailleurs, d'où viennent les nombreux interprètes qu'emploie l'armée? de l'élément civil, du milieu dans lequel, a-t-on dit à M. le ministre d'Etat, on ne trouverait pas dix individus parlant l'arabe aussi bien que les officiers du commandement et des bureaux arabes.

---

(1) Depuis que nous occupons l'Algérie, on a reconnu la nécessité d'un dictionnaire spécial de la langue qui y est parlée. Quand M. le général Daumas était à la tête de la direction des affaires de l'Algérie au ministère de la guerre, le programme de ce dictionnaire a été dressé et son exécution a été mise au concours. Une prime de 10,000 francs était accordée à celui des ouvrages présentés qui satisferait le mieux aux conditions du programme.

Cette tentative n'amena aucun résultat. Une prime éventuelle de 10,000 francs était dérisoire pour un tel travail, impossible d'ailleurs à accomplir par un seul individu.

Une œuvre de cette nature ne peut être entreprise que par une collectivité de collaborateurs des diverses provinces et même des diverses contrées de l'Algérie, car chaque province, chaque contrée a ses termes, ses mots spéciaux, ses expressions particulières, ses formes et ses formules qui ne sont ni usitées ni comprises ailleurs.

Pour avoir un bon dictionnaire arabe à l'usage de l'Algérie, il faut, préalablement, dresser une sorte d'inventaire linguique dans chaque province; et, après ce travail préparatoire, charger la personne la plus compétente de coordonner le tout, sous forme de dictionnaire, en indiquant par des signes conventionnels les limites dans lesquelles les mots sont usités et compris, avec leurs synonymes dans la langue coranique, dans la langue du droit, de la jurisprudence et des relations civiles.

Tant que pareil travail n'aura pas été entrepris et réalisé, il est bien difficile que l'étude de la langue algérienne prenne plus de développement.

Nous demandons à M. le ministre d'Etat de vouloir bien considérer l'entreprise d'un dictionnaire arabe algérien comme l'œuvre la plus digne de son patronage et de celui du gouvernement.

Commandement militaire et bureaux arabes.

Nous sommes amenés naturellement à faire connaître la vérité sur l'état de la connaissance de la langue arabe dans le personnel militaire, qui gouverne, commande et administre en Algérie. En deux mots la voici : la minorité, la très grande minorité sait à peine aussi bien l'arabe que la moyenne des colons ; parmi les arabisants militaires, les plus instruits, pas un ne connaît assez bien l'arabe pour passer l'examen que subissent les agents de l'administration civile pour obtenir la prime du degré supérieur ; à peine quelques-uns pourraient-ils passer l'examen du premier degré. Il y aurait injustice à les comparer aux professeurs. A chacun son métier.

Les quelques officiers que l'on cite comme parlant bien l'arabe sont des enfants nés dans le pays ; sous ce rapport, ils se trouvent dans des conditions d'égalité avec les fils de colons.

Il y a eu, il est vrai, dans le commandement et les bureaux arabes, sous le rapport de la connaissance de la langue et des affaires arabes, des officiers très-distingués qui ont, à bon droit, établi la réputation du corps ; nous citerons parmi les morts : Lamoricière, Cavaignac, Marey-Monge, Duvivier, Bedeau, d'Allonville, d'Armandy, Yusuf, Herbillon, Walsin-Esterhazy, Rivet, Pellissier de Reynaud, de Mirbek, Seroka, de Menonville ;

Il y a eu, parmi les survivants, des officiers d'un grand mérite qui ont continué à justifier la réputation de leurs devanciers : les maréchaux Bazaine et Mac-Mahon, les généraux-sénateurs Montauban, Daumas et de Martimprey, les généraux de division Desvaux et Ducrot, le général de brigade Pelet, les colonels Carette, Wolf, Mircher, le commandant Richard ; mais ils sont ou à la retraite, ou rentrés définitivement en France, sauf le maréchal duc de Magenta qui est en ce moment gouverneur général de l'Algérie.

Il y a encore, en Algérie, d'anciens officiers qui ne sont pas inférieurs à la pléïade dont nous venons de rappeler les noms. On peut citer, parmi les généraux de division : Durrieu et Deligny ; parmi les généraux de brigade : de Neveu, Lallemand, Marmier, Pechot, Dargent, Faidherbe, Marguerite, Martineau Des Chenez ; parmi les colonels : Hanoteau, Lyon, Boissonnet, Gresley, Regnault, De Colomb, Chanzy, Arnaudeau, Gandil ; les lieutenants-colonels Forgemol et Colonieu ; les commandants Burin et Payen ; les capitaines Dax, Dervulf, Aublin, Morian, peut-être quelques autres que nous ne connaissons pas ou que nous oublions et c'est tout. Total : 26 ; allons même jusqu'à 40, pour faire une large part à l'inconnu. Mais le commandement et les bureaux arabes comprennent 213 officiers. Toutefois, il ne suffit pas de compter et de décerner l'éloge relatif à qui le mérite, il faut aussi peser le mérite. *Non numerantur sed ponderantur.* Nous avons, pour apprécier, une pièce très importante, la traduction de la proclamation de l'Empereur aux indigènes, à son dernier voyage en Algérie. L'élève de quatrième d'un lycée qui ne ferait pas mieux ses thèmes et ses versions ne serait pas admis à passer en troisième. On va pouvoir en juger par quelques extraits :

TEXTE IMPÉRIAL

Reconnaissez donc les décrets de la providence qui, dans ses desseins mystérieux, nous conduit souvent au bien en décevant nos espérances et en trompant nos efforts.

Les Gaulois vaincus se sont assimilés aux Romains vainqueurs, et de l'union formée entre les vertus contraires de deux civilisations opposées est née, avec le temps, cette nationalité française qui, à son tour, a répandu ses idées dans le monde entier.

Qui sait si un jour ne viendra pas où la race arabe, régénérée et confondue avec la race française, ne retrouvera pas une puissante individualité, semblable à celle qui, pendant des siècles, l'a rendue maîtresse des rivages méridionaux de la Méditerranée.

TRADUCTION DES BUREAUX ARABES

Mais cette sentence avait été exécutée déjà, comme Dieu avait voulu. Elle n'avait trait qu'à la soumission à ce qu'avait prédestiné sa sagesse mystérieuse, qui fait le plus souvent arriver l'homme au bonheur, à l'exclusion de la femme. L'homme est forcé alors d'obtenir ce qu'il désire, tout en se voyant frustré dans ses intentions et en restant dans l'apathie.

Les Gaulois vaincus se sont assimilés aux Romains repoussés et par la continuité d'une adhérence continuelle, avec la diversité de leurs vertus littéraires et l'opposition de leurs mœurs est née, avec le temps, cette nation française à laquelle Dieu a fixé un moment pour étendre ici-bas la sentence de ses beautés, suivant son inspiration.

Qui sait que le jour ne viendra pas où la race arabe, après la convenance de sa situation et confondue avec la race française, trouverait un aide pour atteindre l'indépendance avec le pouvoir absolu exercé par ses affaires, semblable à celui des siècles passés, où elle possédait un objet que l'arabe ne nomme pas, appartenant au littoral de la Méditerranée.

Les treize paragraphes de la proclamation impériale sont traduits de la même manière (voir l'*Algérie devant l'Empereur*, par l'un de nous, pages 241 à 244), et cette traduction informe, pleine de contre-sens et de contre-bon sens, est l'œuvre de l'élite des bureaux arabes. Nous savons, d'ailleurs, que toutes les traductions des bureaux arabes sont de cette force et que leur interprétation est toujours conforme à leurs désirs et à leurs intérêts.

Notons que personne n'a le droit d'être sévère envers ces officiers. Où, quand et comment auraient-ils pu apprendre la langue arabe, que l'on n'enseigne ni à l'Ecole polytéchnique, ni à Saint-Cyr? Aujourd'hui, on les recrute dans tous les corps de l'armée française, même dans la cavalerie de ligne et dans la grosse cavalerie, qui n'a jamais été appelée à servir en Algérie. Chaque année, aux inspections générales, on demande dans toute l'armée quels sont les officiers qui désirent entrer dans les bureaux arabes, et on n'exige des candidats aucune condition d'aptitude. Le seul espoir de l'avancement au choix détermine la vocation. Ceux qui sont pris dans les régiments de France ne savent pas un mot de la langue de leurs futurs administrés et, une fois entrés en fonctions, accablés de besogne de natures diverses, surtout d'écritures , ils n'ont pas le temps d'apprendre l'arabe; aussi, un interprète, recruté dans l'élément civil, est-il attaché à chaque bureau. Quand, par miracle, l'un d'eux arrive à des connaissances sérieuses, l'avancement vient l'enlever à ses fonctions et souvent le rappeler en France, tandis que les membres de l'élément civil naissent, vivent et meurent en Algérie. En ce moment, et en vertu des lois de l'avancement, il n'y a, dans les bureaux arabes, que quatre officiers supérieurs : 1 colonel, 2 lieutenants-colonels et 1 chef de bataillon, dont 2 officiers sans troupes et 2 officiers hors cadre. En de telles conditions, il n'est pas possible que ce corps ait des hommes expérimentés et à la hauteur de leur mission; aussi, les indigènes meurent-ils de faim et de misère sous leur administration.

Le *Constitutionnel* est-il satisfait de notre réponse? Contient-elle assez de renseignements précis, nets, indiscutables? Nous lui saurons infiniment gré de nous le dire.

Afin qu'il puisse s'édifier plus complétement, nous l'engageons à lire la note qui suit sur les *Origines diverses du personnel du commandement et des bureaux arabes.*

Etat-major général : 1 maréchal de France, 4 généraux de division, 11 généraux de brigade, 1 colonel, 1 lieutenant-colonel, 6 capitaines.

Officiers hors cadre : 1 colonel, 1 lieutenant-colonel, 3 chefs d'escadrons ou de bataillon, 1 capitaine.

Génie : 1 colonel, 4 capitaines, 1 lieutenant.

Artillerie : 2 colonels, 3 chefs d'escadrons, 4 capitaines, 4 lieutenants.

Infanterie de ligne : 1er régiment, 1 sous-lieutenant; — 2e 1 capitaine; — 3e 1 lieutenant; — 5e 1 sous-lieutenant; — 6e 1 sous-lieutenant; — 8e 1 capitaine; — 9e 1 capitaine; — 12e 3 lieutenants; — 13e 1 capitaine; — 15e 1 sous-lieutenant; — 16e 1 lieutenant; — 17e 1 lieutenant ; — 20e 1 capitaine, 1 lieutenant, 1 sous-lieutenant; — 22e 1 lieutenant; — 23e 1 lieutenant; — 24e 1 lieutenant; — 25e 1 sous-lieutenant; — 26e 1 lieutenant; — 27e 1 capitaine; — 28e 1 sous-lieutenant; — 30e 1 capitaine; — 33e 1 lieutenant; — 34e 1 lieutenant-colonel, 1 sous-lieutenant; — 36e 1 chef de bataillon, 2 capitaines; — 37e 1 sous-lieutenant; — 40e 1 capitaine; — 42e 1 capitaine; — 44e 1 lieutenant; — 46e 1 lieutenant; — 47e 1 lieutenant; — 48e 1 colonel, 1 capitaine, 1 lieutenant; — 50e 1 sous-lieutenant; — 52e 1 sous-lieutenant; — 53e 1 lieutenant; — 54e 1 capitaine; — 55e 1 capitaine; — 56e 1 capitaine; — 57e 1 capitaine; — 58e 1 lieutenant; — 60e 1 capitaine; — 61e 1 sous-lieutenant; — 63e 1 capitaine; — 65e 1 capitaine; — 66e 1 colonel, 1 capitaine, 1 sous-lieutenant; — 67e 2 capitaines; — 68e 1 capitaine; — 70e 1 lieutenant; — 71e 1 capitaine, 1 lieutenant; — 72e 1 capitaine; — 75e 2 capitaines; — 76e 1 lieutenant; — 77e 1 capitaine; — 78e 1 lieutenant; — 79e 1 lieutenant; — 81e 1 lieutenant; — 82e 1 chef de bataillon, 1 capitaine, 1 lieutenant, 1 sous-lieutenant; — 83e 1 lieutenant-colonel, 1 capitaine, 2 lieutenants; — 86e 1 capitaine; — 87e 1 lieutenant; — 88e 1 lieutenant; — 89e 1 capitaine; — 92e 1 capitaine, 1 lieutenant, 1 sous-lieutenant; — 93e 1 capitaine; — 96e 1 lieutenant; 97e 1 capitaine; — 98e 1 lieutenant; — 99e 1 lieutenant; — 100e 1 sous-lieutenant.

Chasseurs à pied : 9e bataillon, 1 lieutenant; — 15e 1 lieutenant.

Cavalerie de France. — Chasseurs : 1er régiment, 1 capitaine; — 3e 1 capitaine; — 4e 1 capitaine; — 5e 1 sous-lieutenant; — 6e 1 sous-lieutenant; — 10e 1 sous-lieutenant; — 11e 1 capitaine. — *Hussards :* 1er 1 capitaine, 1 lieutenant; — 2e 1 sous-lieutenant; — 5e 1 capitaine; — 6e 1 sous-lieutenant. — *Dragons :* 2e 1 lieutenant, 1 sous-lieutenant; — 7e 1 sous-lieutenant; — 11e 1 sous-lieutenant; — 12e 1 lieutenant. — *Cuirassiers :* 6e 1 lieutenant; — 10e 1 lieutenant.

Corps spéciaux de l'armée d'Afrique (Infanterie). — *Zouaves :* 1er régiment, 1 capitaine; — 2e 3 lieutenants, 1 sous-lieutenant; — 3e 1 capitaine, 1 lieutenant. — *Tirailleurs indigènes :* 1er 6 capitaines, 2 lieutenants, 3 sous-lieutenants; — 2e 5 capitaines, 5 lieutenants, 2 sous-lieutenants; — 3e 1 chef de bataillon, 2 capitaines, 1 lieutenant. — *Légion étrangère :* 3 lieutenants, 1 capitaine. — (Cavalerie) *Chasseurs d'Afrique :* 1er régiment, 1 sous-lieutenant; — 3e 1 capitaine, 1 lieutenant, 1 sous-lieutenant; — 4e 1 lieutenant, 1 sous-lieutenant. — *Spahis :* 1er régiment, 1 lieutenant-colonel, 1 chef d'escadrons, 1 capitaine, 1 lieutenant; — 2° 1 chef d'escadrons, 1 capitaine, 1 lieutenant, 1 sous-lieutenant; — 3° 1 lieutenant-colonel, 1 chef d'escadrons, 1 capitaine.

Le total est de 213 officiers.

Ce personnel, comme on le voit, est recruté dans tous les corps de l'armée française, et les sous-lieutenants, les lieutenants et les jeunes capitaines y dominent.

Quand ces officiers quittent leurs garnisons en France pour venir en Algérie servir en qualité d'adjoints d'un bureau arabe, et administrer les indigènes d'un cercle, ils ne savent pas un mot d'arabe et ils ne soupçonnent même pas quelles sont les difficultés de la mission qui leur est confiée: aussi les affaires marchent-elles comme elles peuvent et on arrive à des impasses comme celle où nous nous trouvons.

Ne faut-il pas être aveugle et insensé pour préférer un recrutement de pareils administrateurs à celui de jeunes gens, ayant reçu la même instruction classique, mais nés dans la colonie, sachant l'arabe comme leur langue maternelle et ayant dans le pays leur famille et leur fortune, conséquemment sollicités par leur propre intérêt à la fusion des indigènes avec les Européens, à la prospérité et à la paix générales?

Tout homme désintéressé dans la question sera de cet avis.

BUREAUX ARABES

La seconde rectification du *Constitutionnel* à nos Lettres à
M. Rouher, est relative aux bureaux arabes, tant il est
vrai que là est le côté obscur de la question algérienne.

I

« Les bureaux arabes, d'après le *Constitutionnel*, ont été institués
pour prendre part à l'administration des populations arabes
et kabyles, mais *sous la direction et le contrôle des commandants
des provinces.*

» Des instructions adressées par le maréchal Mac-Mahon à tous
les chefs de provinces, de subdivisions et de cercles, à la date du
21 mars 1867, portent que le commandant militaire des cercles,
subdivisions et provinces a seul qualité pour signer les ordres; que
le service des bureaux arabes n'est qu'une sorte d'état-major chargé,
sous ses ordres, du travail qui concerne spécialement l'administration des tribus; qu'enfin les officiers qui forment le personnel de
ces bureaux ne sont que des intermédiaires entre l'autorité militaire et les populations indigènes. »

Ces instructions que l'on rappelle ne datent que d'une
année; elles constatent, qu'avant le 21 mars 1867, les
bureaux arabes n'étaient pas un service subordonné, puisque pareilles instructions étaient devenues nécessaires.

L'Empereur lui-même, tout favorable qu'il soit aux bureaux arabes, avait été frappé, en 1865, de l'anomalie d'un
corps subalterne « jouissant d'une autorité sans limites »
pour nous servir des expressions contre lesquelles le *Constitutionnel* proteste. Voici ce que dit l'Empereur dans sa
Lettre sur la politique de la France en Algérie :

« Les bureaux arabes ne sauraient être considérés comme une
» institution administrative ayant une action et une autorité pro-

» pres. Les officiers qui les composent doivent tout à fait rentrer
» dans le commandement, mais il est essentiel que ce comman-
» dement, *au lieu de recevoir d'eux l'impulsion*, soit capable de la
» leur imprimer; qu'ils se bornent à transmettre les ordres des
» commandants supérieurs près desquels ils sont placés; qu'ils
» n'aient pas de cachet particulier; de plus, pour bien marquer
» cette dépendance, que toutes les lettres des chefs indigènes soient
» adressés aux commandants supérieurs. De cette manière, les
» officiers des bureaux arabes ne seront que les officiers d'état-
» major du commandement pour les affaires arabes. Leur
» rôle consiste à transmettre aux populations les intentions, les
» conseils, les vues du commandement. »

Quand l'Empereur a écrit ces lignes, en 1865, le commandement recevait l'impulsion des bureaux arabes et il demande « un respect plus scrupuleux des règles de la hiérarchie. » Mais cette prescription de l'Empereur fait partie de
la série des mesures militaires qu'il a proposées :

« Porter la plus grande partie des forces près de la lisière du
Tell;
» Créer sur cette lisière des tribus maghzen;
» Réduire l'effectif de l'armée à 50,000 hommes;
» Créer des colonnes mobiles montées de 1,800 hommes. »

Mesures excellentes, comme celle qui ordonne la subalternisation des bureaux arabes, mais qui ne paraissent pas
avoir été prises en très sérieuse considération en Algérie,
nous l'avons demontré précédemment dans nos lettres à
M. Rouher.
Pour la subalternisation des bureaux arabes au commandement, il y a, il est vrai, *sur le papier*, une instruction du
21 mars 1867 qui l'ordonne. Prescrite en 1865, cette mesure
ne reçoit son application qu'en 1867, au moment où les récoltes des indigènes sont perdues, au moment où la famine
menace, au moment où l'Empereur écrit d'empêcher, coûte
que coûte, que des Arabes soumis à la domination française
meurent de faim. La responsabilité du gouvernement et des
bureaux arabes allait être fortement engagée et il y avait
urgence à la couvrir, au moins dans la forme : c'est alors
que les presciptions de l'Empereur sur le rôle nouveau à
prendre par le commandement — jusque-là ajournées —
ont été converties en instructions écrites. Mais ces instructions sont-elles passées dans le domaine des faits accomplis?
C'est ce que nous avons à examiner.
Constatons d'abord que le commandement et les bureaux
arabes ne font qu'un seul et même corps. Des bureaux ara-

bes on passe dans le commandement et du commandement
on rentre dans les bureaux arabes. Exemples : sur 22 commandants de divisions, subdivisions ou cercles importants, on trouve 14 officiers généraux ou supérieurs sortant
des bureaux arabes, contre 8 provenant des rangs de l'armée, et encore parmi ces derniers en trouve-t-on plus de
moitié ayant préalablement rempli des fonctions presque
identiques à celles des bureaux arabes. Le noviciat des
affaires arabes est donc la condition obligée de tout aspirant
à un commandement en Algérie. M. le colonel Hanoteau
nous donne une preuve matérielle que les deux corps n'en
font qu'un : d'abord commandant supérieur du cercle de
Fort-Napoléon, puis directeur provincial des affaires arabes
de la division d'Alger, il est redevenu, avec un nouveau
grade, commandant supérieur du même cercle de Fort-
Napoléon.

Il y a mieux encore : les capitaines Mounier, Saint-Martin,
Monier, Campesterous, Mercier, les lieutenants Durand,
Sergent et Villot, cumulent à la fois l'autorité supérieure
du commandement et les fonctions dites subalternes de chefs
du bureau arabe.

La dictinction théorique qu'on veut établir entre le commandement et les bureaux arabes n'est donc qu'une fiction, comme toutes celles que nous avons déjà eu l'occasion
de signaler.

Cette distinction fût-elle sérieuse dans quelques subdivisions, comme à Tlemsen, où le général Pechot entend et
sait être réellement commandant supérieur, il n'en est pas
moins vrai que, près du gouvernement général et pour les
affaires arabes, il y a à Alger un bureau politique, dont le
colonel Gresley est le chef, et que ce bureau, en matière indigène, domine tout, gouvernement général, commandement
et bureaux arabes.

En veut-on une preuve ?

Le 31 décembre 1864, un décret impérial décide que, désormais, les terres appartenant à l'Etat — les 900,000
hectares expressément réservés pour la colonisation par
Son Excellence M. Baroche, commissaire du gouvernement, — seront allotiés *en vue de la création ou de l'agrandis-
sement des périmètres de la colonisation* et seront aliénées par
la voie de la vente à prix fixe et à bureau ouvert.

Préalablement, par une circulaire du 29 novembre, le gouverneur avait fait connaître aux généraux commandant les
provinces le but qu'il voulait atteindre : « ouvrir des zones

nouvelles à l'activité européenne, aliéner les terres domaniales au profit des immigrants » français et autres; et au cas où « les terres domaniales seraient impropres à la colonisation européenne, » il prescrit « de s'en procurer de meilleures ou par voie d'échange avec les indigènes ou par voie d'acquisitions aux tribus et même, dans beaucoup de cas, de recourir à l'expropriation des indigènes pour cause d'utilité publique. »

Par une seconde circulaire du 10 février 1865 — après la signature du décret proposé par lui — le gouverneur, en confirmation de ce qu'il a écrit précédemment, dit que « le décret a été accueilli en France avec un sentiment de vive satisfaction, » qu'il compte sur « les autorités algériennes pour lui faire porter tous ses fruits » et il demande à nouveau que « des surfaces suffisantes soient toujours disponibles et alloties d'avance, car, dit-il, les intérêts de l'avenir seraient gravement compromis si l'élan de l'émigration européenne se trouvait arrêté faute de terres. »

Donc, des terres sont mises en vente en conformité du susdit décret et des instructions du gouverneur général.

Le domaine, administrateur de ces terres, publie les affiches indiquant le jour, le lieu et les conditions de leur aliénation, avec les plans parcellaires à l'appui. Ces affiches sont en langue française et non concurremment en langue arabe, comme on a l'habitude de le faire quand les indigènes sont appelés à concourir aux adjudications publiques; les annonces, dans le journal officiel, sont, comme les affiches, exclusivement en français. Affiches et annonces sont officielment publiées en France et le domaine vendeur ne fait aucun appel à la concurrence indigène.

Jusque-là, il est de la dernière évidence que le gouvernement général et le domaine entendent que les colons seuls pourront acquérir ces terres, car, disent les affiches, elles sont destinées « à l'extension des périmètres de colonisation. »

Mais, le bureau politique des affaires arabes qui a un journal à sa disposition : le *Mobacher*, fait traduire en arabe les affiches du domaine, les insère dans son journal et, par cette annonce, appelle les indigènes à venir faire concurrence aux colons.

Avant que cet appel ait été remarqué en Algérie — car les colons ne lisent pas le *Mobacher*, journal spécial des indigènes — nous, mandataires d'un grand nombre de Français des trois provinces, nous adressons à M. le maréchal ministre de la guerre Randon — en lui envoyant le numéro du

Mobacher qui contenait l'annonce — une lettre dans laquelle nous lui démontrons que cet appel à la concurrence indigène est contraire au décret du 31 décembre 1864 et aux deux circulaires du gouverneur-général et lui demandons d'intervenir pour que les offres des colons soient seules admises par le service chargé de procéder aux ventes.

La seule réponse qui fut faite à notre lettre est une note insérée au *Moniteur de l'Algérie*, dans laquelle on contestait aux colons le droit d'avoir d'autres mandataires de leurs inrêts que les agents du gouvernement et de l'administration.

L'annonce du *Mobacher* prévalut sur les deux circulaires du gouverneur, quoique dans le gouvernement et le commandement les meilleurs esprits partageassent notre manière de comprendre la question.

On connaît le résultat de ces ventes : sur 11,902 hectares estimés 215,749 fr., les Européens purent acquérir 4,543 hectares au prix de 248,865 fr. et les indigènes restèrent adjudicataires du reste moyennant la somme de 469,362 fr. La concurrence a fait tripler la mise à prix.

Depuis ce brillant résultat, l'opinion unanime de tout ce qui n'est pas bureau arabe a compris que l'on avait fait fausse route : aussi le gouvernement a-t-il suspendu les ventes, malgré les promesses de la circulaire du 10 février 1865, ce qui est un désaveu implicite de l'attitude prise par le bureau politique dans cette affaire; mais le gouvernement général que cette manœuvre a compromis n'a cependant pas encore fait savoir si, dans l'avenir, on continuera à fonder des villages français en admettant les arabes à en acheter les terres.

Telle est la puissance du bureau politique des affaires arabes. Quiconque, dans le commandement, voudrait lutter contre ce pouvoir, serait brisé, aussi ne s'y expose-t-on pas.

Le conflit entre Mgr l'archevêque d'Alger et M. le maréchal Mac-Mahon n'a d'autre origine que cette omnipotence souveraine d'un pouvoir subalterne.

Arrêtons-nous sur ce conflit dont le caractère n'a pas été apprécié en France comme il doit l'être.

Mgr Lavigerie — tout le monde le sait — était connu personnellement de M. le maréchal Mac-Mahon avant d'être élevé au poste éminent d'archevêque d'Alger, et une lettre du maréchal atteste que c'est lui-même qui a désigné le charitable prélat au choix de l'Empereur.

D'un autre côté, M. le maréchal duc de Magenta est un pieux et un charitable chrétien, de sorte qu'entre lui et

Mgr Lavigerie la communauté de convictions religieuses les poussait plus à un rapprochement intime qu'à la désunion. Il n'y a donc ni une question de personnes ni une question de dissentiments religieux entre les deux principales autorités dans la colonie. Les principes seuls sont en cause.

Des milliers d'Arabes mouraient de faim, des milliers de femmes et des enfants, abandonnés par leurs familles, ne pouvaient échapper à la mort que par la prostitution ou le vol. Le cœur d'un chrétien s'émeut devant tant de misère et il ouvre des asiles pour recevoir femmes et enfants, les habiller, les nourrir, les obliger à aimer la main secourable qui leur est tendue.

Mais ce chrétien ne porte pas l'épée, il n'est pas un officier des bureaux arabes ; il est civil, il est prêtre. On lui crie : halte-là !

On invoque, d'un côté, le spectre du fanatisme musulman et, de l'autre, le fantôme du prosélytisme religieux pour barrer le chemin à la charité du prêtre chrétien.

Au fond, il n'y a en cause que la prétention des bureaux arabes d'isoler leur royaume de tout contact européen.

Cette prétention est-elle au moins fondée sur le respect dû aux croyances religieuses des musulmans? Point du tout. Nous allons en donner la preuve — non suspecte — en invoquant le témoignage d'Abd-el-Kader lui-même, alors qu'il nous combattait comme infidèles, alors que les Arabes relevaient de son autorité, c'est-à-dire des plus pures doctrines du Coran.

Ce témoignage est extrait du journal manuscrit de l'un de nous, à la date du 8 novembre 1837.

Cinq personnes étaient réunies sous la tente de l'émir, à Ersébia, près Mascara. Ces cinq personnes étaient Abd-el-Kader, son beau-frère Mustafa ben Tahmi, khalifa de la province, le colonel de Maussion, chef d'état major de la division d'Oran, le docteur Warnier et un interprète. Le but de la réunion était l'interprétation à donner à divers articles du traité de la Tafna. Le procès-verbal en est rédigé par demandes et réponses.

Le colonel. Nous avons échangé de part et d'autre les prisonniers de guerre appartenant aux corps combattants ; je te réclame aujourd'hui les nègres et les négresses appartenant aux Douairs et aux Zmala, nos auxiliaires, qui ne nous ont pas encore été rendus.

L'Emir. Les nègres sont des choses et non des personnes. D'après notre loi, ils appartiennent, comme tout butin fait à la guerre : bestiaux, tentes, armes, vêtements, à celui ou à ceux qui les prennent au péril de leur vie. De même que vous ne nous avez pas rendu les nombreux troupeaux captivés dans les razzia, les grains pris dans nos silos, de même je n'ai pas à vous rendre des nègres, qui d'ailleurs, ont pu être vendus et revendus cent fois sur les marchés depuis qu'il ont été pris.

Le colonel. Tu m'opposes ta loi, moi je t'oppose notre religion qui ne nous permet pas d'assimiler un homme, parce qu'il est noir et esclave, à un animal ou à des grains. Tu savais bien, en traitant avec le général Bugeaud que nous, Français, nous sommes chrétiens; alors, en contractant avec un chrétien, tu devais savoir que nous te réclamerions les nègres comme des hommes, au même titre que les autres. Ta religion ne t'interdit pas de nous les rendre; la nôtre nous interdit de te les abandonner au titre de butin.

L'Emir. Mais, est ce que vous avez une religion ? Est-ce que vous êtes chrétiens ? Où sont vos marabouts ? Où sont vos églises ? Où et quand adressez-vous des prières à Dieu ? Je n'en sais rien et personne de nous, musulmans, n'en sait plus que moi. J'ai traité avec vous comme avec des gens n'ayant pas de religion. Vous vous dites chrétiens ; mais si vous l'étiez, la guerre que nous avons entreprise contre vous, le *djehed*, la guerre sainte, n'aurait pas sa raison d'être, car le Coran nous ordonne de considérer *Sidna-Aïssà*, notre seigneur Jésus, comme un prophète, l'*Indjil*, l'Evangile, comme un livre révélé par Dieu. Les peuples qui suivent les préceptes de l'Evangile sont nos frères, car tous les *Hall-el-Keloub*, les gens des Ecritures, sont frères en Dieu. Les juifs sont des *Hall-el-Ketoub*. Notre-seigneur Moïse, *Sidna-Mousa*, est aussi un prophète de Dieu et vénéré par nous comme notre-seigneur Jésus. La Bible, le *Tourat*, est un livre révélé, comme l'Evangile, comme le Coran. Aussi ne faisons-nous pas la guerre aux Juifs. Nous en avons au milieu de nous, dans nos villes, dans nos tribus. Il y en a dans tous les Etats musulmans, même chez les noirs du Soudan et nous vivons en paix avec eux, parce qu'ils sont *gens des Ecritures sacrées*. Mais, vous, vous êtes des *infidèles*, sans religion, des KOUFAR.

Le colonel. Les apparences t'ont trompé. Tu n'a pu encore voir ni nos Eglises, ni nos prêtres, ni notre religion, parce que, dans ce pays de conquête récente, il n'est encore venu que des militaires. Mais veux-tu une preuve que nous avons une religion ? Il est facile de te la donner. Tous les jours, notre maison est envahie par des malades ; le docteur Warnier, ici présent, les soigne pour l'amour de Dieu ; ton fils a été malade, il l'a soigné pour l'amour de Dieu ; de même, il a pansé les plaies de tes soldats faits prisonniers à la Sikak, celles des malheureux que tu avais abandonnés à Mascara, il y a deux ans, et que nous avons ramenés avec nous à Mostaganem. N'est-ce pas là une preuve de religion ?

L'Emir. C'est une preuve de charité et non pas un témoignage de religion. Pourquoi, à côté du médecin, n'avez-vous pas un prêtre au consulat ? Pourquoi le prêtre n'est-il pas là, au milieu de nous ? Je me serais levé à son approche, je serais allé lui embrasser la tète, en lui demandant sa bénédiction !

Le colonel. Mais, est-ce que tu permettrais à un prêtre de venir demeurer dans la capitale, est-ce que tu nous autoriserais d'y élever une église, d'y procéder aux cérémonies de notre culte ?

L'Emir. Les Juifs n'ont-ils pas leurs synagogues à côté de nos mosquées ? Les rabbins ne sont-ils pas libres de célébrer la gloire de Dieu dans leurs temples ? Pourquoi voudrais-tu que je sois plus intolérant envers les chrétiens qu'envers les juifs ? Je serais moi-même un impie si je répondais négativement à ta demande. Appelle à Mascara un prêtre de notre seigneur Jésus et peut-être, lui et moi, pourrons-nous faire comprendre à ceux de mes sujets qui ont capturé les nègres de vos auxiliaires que les nègres sont des hommes et non des choses, et qu'ils ne peuvent les considérer comme légitime butin de guerre.

Voilà où en était l'Algérie avant l'institution des bureaux arabes.

L'évêché d'Alger fut érigé peu de temps après le colloque que nous venons de donner textuellement et pour prouver à Abd-el-Kader que nous n'étions pas des KOUFAR.

Le premier évêque d'Alger, Mgr Dupuch, a entretenu les meilleures relations avec l'émir et même a pu aller, sous Miliana, procéder à un échange de prisonniers parmi lesquels se trouvait le capitaine de la Mirandole. C'était avant l'institution des bureaux arabes.

Depuis, le second évêque, Mgr Pavy, a reçu d'une tribu voisine du Fort-Napoléon la demande de la construction d'une église au centre de la Kabylie, avec l'offre de concession du terrain sur lequel elle devait être élevée. Mgr Pavy a dû renoncer à cette conquête qui cependant eut été chère à son cœur. Une lettre de ce prélat à l'un de nous atteste ce fait et expose les motifs de l'abstention.

Aujourd'hui, on brouille Mgr Lavigerie avec le maréchal Mac-Mahon à propos d'actes de charité ; on ne permet pas, sous la domination française, ce qu'Abd-el Kader demandait sous la domination musulmane ; on ne permet même pas au marabout chrétien de se rappeler qu'à Damas un marabout musulman a exposé sa vie et celle des Maugrebins, ses serviteurs, pour sauver des chrétiens, des religieux et des religieuses au milieu des horreurs d'une guerre civile et que nous avions, en 1868, à acquitter envers les malheureux musulmans de l'Algérie, la dette contractée envers Abd-el-Kader dans les sanglantes journées de Damas du 9 au 15 juillet 1860.

Nous le répétons : en cette affaire, comme dans celle de la vente des terres domaniales, le gouvernement général n'a été qu'un être passif. Les bureaux arabes qu'on représente comme un pouvoir subalterne, ont seuls parlé, écrit, agi et amené le déplorable conflit.auquel nous venons de restituer son vrai caractère.

La différence de religion entre les vainqueurs et les vaincus justifie , dit-on, l'opposition des bureaux arabes à toute tentative du clergé catholique à s'immiscer dans la vie des musulmans. Cette prétention est contraire à tout ce que nous connaissons de faits les mieux établis sur les rapports des musulmans avec les chrétiens depuis l'origne de l'islamisme.

En Espagne, pendant toute la durée de la domination des émirs, l'exercice du culte et de l'enseignement catholique a été respecté.

En Berbérie, le christianisme s'est maintenu, pendant cinq et six siècles, sous la domination la moins civilisée des princes musulmans.

Même au Maroc, le pape Grégoire IX, en 1237, y nomme évêque le père Agnel, de l'ordre des frères mineurs et, en 1246, le pape Innocent IV nomme un autre frère mineur, Lopez Fernandès Daïn pour aller remplacer dans ses fonctions effectives le père Agnel décédé.

En Algérie, même sous l'olygarchie turque, des frères Rédempteurs étaient tolérés et un chapelain célébrait librement la messe à La Calle. On va jusqu'à prétendre qu'à l'époque où il y avait un roi berbère à Kouko, en Kabylie, ce roi, quoique musulman, a permis la construction d'une église dans sa capitale.

En Tunisie, à toutes les époques, il y a eu des prêtres catholiques. L'église Saint-Louis, près des ruines de Carthage, la paroisse maltaise de Djerba, en fournissent la preuve non discontinue.

A Tripoli de Berbérie, depuis des siècles, il existe une mission de franciscains et deux des pères de cette mission sont morts de maladie au Bournou, chez les nègres du Soudan, avec le titre d'évêques.

En Egypte, en Syrie, dans toute l'étendue de l'empire ottoman, l'exercice du culte et de l'enseigement chrétien est aussi libre que dans les Etats catholiques de l'Europe. Sur toute l'étendue du canal de Suez, M. Ferdinand de Lesseps trouve autant de facilités pour la pratique de la religion chrétienne que les derniers évêques d'Alger ont rencontré d'obstacles, de la part des bureaux arabes, pour la simple pratique de bonnes œuvres.

Aussi la profonde douleur de Mgr Lavigerie se comprend-elle. Cependant ce digne prélat est l'ami de l'Empereur, l'ami de l'Impératrice, l'ami du gouverneur général de l'Algérie et de Mme la duchesse de Magenta. Il faut donc que les bureaux arabes soient une puissance. Nous pourrions en donner cent autres preuves, si cela était nécessaire.

Ceux qui, comme le *Constitutionnel,* « connaissent l'esprit de notre armée, son respect scrupuleux pour la hiérarchie à tous les degrés » douteront que les bureaux arabes puissent marcher à pieds joints sur toutes les règles militaires connues. Pour les convaincre, nous leur citerons deux exemples concluants :

M. Vivensang, lieutenant au 3me zouaves, chef du bureau arabe de Collo, a sous ses ordres comme adjoint, M. Renault d'Allonnes, capitaine du génie.

M. Migneret, lieutenant au 2me de ligne, chef du bureau arabe d'Aïn-Beïda, a sous ses ordres comme adjoint, M. Durieu de Pradel, capitaine au 92me de ligne.

C'est le renversement des lois de la hiérarchie militaire, nous n'en disconvenons pas ; mais, dans les bureaux arabes, on n'en tient pas compte à ce qu'il paraît.

Aux incrédules, nous répondrons : Ouvrez l'*Annuaire de l'Algérie* (1868, pages 230 et 231), et vous verrez que nous n'inventons rien. Cet annuaire est publié par le gouvernement général de la colonie.

La théorie du *Constitutionnel,* qui fait des bureaux arabes un corps subalternisé et soumis aux lois de la hiérarchie militaire n'est donc pas conforme à la vérité démontrée par les faits. Voyons ce qui suit :

II

« On exagère, dit ce journal, l'étendue des pouvoirs des bureaux arabes pour essayer de rendre plausibles les accusations qu'on se plaît à diriger contre eux. Il n'est donc pas inutile de déclarer (puisque de l'assertion opposée on a fait un texte inépuisable de récriminations aussi absurdes que passionnées), que les officiers des affaires arabes sont étrangers à tout maniement de fonds ; qu'ils n'interviennent en rien dans la perception des impôts et des amendes ; que la comptabilité des centimes additionnels, la seule qui soit dans leurs attributions, est contrôlée comme la comptabilité de toutes nos communes, et que toutes les dépenses sont acquittées sur mandats délivrés, soit par l'intendance, soit par le génie. »

Encore de la théorie ! Dans la pratique, les officiers des bureaux arabes disposent : 1º de la nomination de tous les aghas, caïds, cheikh, qui perçoivent l'impôt et les amendes, en ce sens qu'aucune nomination n'est faite que sur leur proposition ; et l'on sait quelle énergie de résistance la probité de nos mœurs doit opposer aux coutumes traditionnelles

d'achat des fonctions par dons en nature ou à prix d'argent, qui caractérisent le monde musulman ; — 2° de la liberté
de leurs administrés, car, ils sont chargés, le *Constitutionnel*
le reconnaît, « de rechercher les auteurs des crimes et délits
et d'instruire les procès ; » 3° de la fortune territoriale du
pays pour la part qu'ils prennent — et elle est grande — à la
constitution de la propriété indigène ; 4° enfin, même de
l'impôt, « par les éléments statistiques qu'ils sont chargés de
réunir pour l'établissement des rôles des contributions. »
Quand on a tous ces moyens d'action à sa disposition, et cela
sans contrôle ni publicité, il n'est pas nécessaire d'être chargé
d'aucun maniement de fonds direct pour être exposé aux
reproches, aux suspicions, aux accusations.

Mais ce qu'affirme le *Constitutionnel* relativement au
budget des centimes additionnels n'est pas complétement
exact.

De ce budget, dont la recette s'est élevé, en 1865, à
3,415,580 francs et, en 1866, à 3,093,967 francs, il est fait deux
parts, l'une dont les dépenses sont acquittées, comme on le
dit, sur mandats délivrés, soit par l'intendance, soit par le
génie, et l'autre qui constitue un budget particulier à la disposition des bureaux arabes.

Voici ce que nous lisons à ce sujet dans le *Tableau de la situation des établissements français en Algérie*, 1865-1866,
page 68 :

« Le bureau politique et les bureaux divisionnaires d'Alger,
d'Oran et de Constantine, ont un budget particulier. Les recettes de
ces quatre budgets se composent de contingents versés par les
budgets des subdivisions.

» Pour l'exercice 1866, ces budgets étaient ainsi répartis :

Recettes.

Bureau politique	215.467 91
Division d'Alger	189.950 09
— d'Oran	50.064 75
— de Constantine	810.679 33
Total	1.266.162 08

Dépenses.

Bureau politique	188.292 20
Division d'Alger	186.236 57
— d'Oran	46.658 10
— de Constantine	699.065 10
Total	1.120.251 97

Il est rendu compte, dans un tableau particulier, des travaux exécutés dans les tribus du territoire militaire et soldés au moyen des centimes additionnels.

Pour l'exercice 1865, le total général s'élève à 715,054 fr. 77 centimes, pour une recette 3,415,584 francs.

Dans ce chiffre, le budget particulier des bureaux arabes se trouve compris pour les dépenses suivantes :

Bureau politique. — Création de l'écôle normale....... 60.125 72
Division d'Alger. — Construction d'une école d'arts et et métiers à Fort-Napoléon............................. 29.620 »
Division d'Oran. — Prix de quatre cadres dorés contenant les portraits de Leurs Majestés Impériales......... 260 »
Division de Constantine. — Construction du collége impérial arabe-français.................................. 198.737 »
Nattes pour le couchage des prisonniers..,........... 499 20
Prélèvement, à titre d'avances, pour la construction d'une école normale à Alger............................. 60.000 »

Total..... 349.241 92

Pour l'exercice 1866, le total général des dépenses pour travaux, s'élève à 1,166,301 fr. 05 cent. pour une recette de 3,093,969 francs.

Dans ce chiffre, le budget particulier se trouve compris pour les dépenses suivantes :

Bureau politique. — Construction de l'école normale.. 8.709 89
Division d'Alger. — Achèvement de l'école des arts et métiers..................................... 44.879 34
Division d'Oran. — Entretien des maisons de détention des indigènes.. 500 »
Organisation de salles réservées aux indigènes dans les hôpitaux civils.................................. 13.213 17
Constructions et réparations aux Smalas............. 3.000 »
Division de Constantine. — Construction du collége arabe.. 500.000 »
Salles spéciales pour les indigènes à l'hôpital civil.... 33.743 02
Reconstruction du lavoir au pénitentier indigène d'Aïn-el-Bey... 4.000 »

Total..... 608.045 42

Nous avons inutilement cherché la justification des autres dépenses complémentaires, soit du budge général des centimes additionnels, soit du budget particulier des bureaux arabes; nous ne l'avons pas trouvé (1). Toutefois, nous ne doutons pas que ces dépenses complémentaires ne soient très régulières : il ne leur manque que la discussion, le contrôle, la publicité, la responsabilité.

Mais, il reste acquis à ces débats, que le bureau politique et les bureaux divisionnaires disposent d'un budget particulier assez élevé, quoique le *Constitutionnel* affirme que les officiers des affaires arabes sont étrangers à tout maniement de fonds.

En vain, l'intervention de l'intendance et du génie est nécessaire pour l'ordonnancement d'une partie des mandats; le véritable dispensateur est celui qui ouvre le crédit et qui prescrit la dépense; le reste n'est qu'affaire de forme et d'écritures.

Ce budget particulier, dont il est fait mention, pour la première fois, dans le *Tableau* d'où nous avons extrait ce

---

(1) Le dernier *Tableau de l'Algérie* (1865-1866), accuse les chiffres suivants :

1865 Recettes (page 68)	3.415.584
Dépenses id.	2.882.845
Excédant	532.739
1866 Recettes (page 68)	3.093.969
Dépenses id.	2.720.452
Excédant	373.517

Il est justifié, en 1865, sur une dépense accusée de...... 2.882.845 fr. d'un emploi en travaux s'élevant à....... 715.054   (page 259 du *Tableau*);

Reste... 2.167.791 fr. dont l'emploi est inconnu.

Il est justifié, en 1866, sur une dépense accusée de...... 2.720.452 fr. d'un emploi en travaux s'élevant à....... 1.166.301   (page 267 du *Tableau*);

Reste .. 1.554.151 fr. dont l'affectation n'est pas justifiée.

Nous avons demandé, à défaut de documents publics, aux personnes les plus compétentes :

1° Ce que devenaient les excédants annuels des recettes sur les dépenses qui s'élevaient, pour les exercices 1865 et 1866, 905,256 francs;

2° A quoi étaient employés, en dehors des dépenses accusées, celles qui n'étaient pas justifiées et s'élevant pour les exercices 1865 et 1866, à 3,723,942 francs;

Personne n'a pu nous éclairer sur ces points obscurs ; le *Constitutionnel*, qui dispose des renseignements les plus sûrs, les plus précis, pourrait-il nous apprendre ce que les *Tableaux de l'Algérie* nous laissent ignorer?

M. Faré, l'un des commissaires du gouvernement, dans la discussion des affaires de l'Algérie, nous a convié à poser ces questions, en affirmant à la tribune législative que le gouvernement de l'Algérie était un gouvernement de pleine lumière.

qui précède, ne crée-t-il pas aux bureaux arabes, nous le demandons à toute personne impartiale, une situation.autre que celle d'un corps subordonné ?

Nous cherchons en vain dans nos institutions françaises un corps quelconque ayant un budget particulier comme celui dont l'existence nous est révélée : budget municipal par l'origine de sa recette, budget provincial par le caractère de son emploi, budget parasite de celui des communes arabes et rival de celui des provinces ; nous cherchons et nous ne trouvons pas ; car, en France, et même en Algérie, tout ce qui a un budget, Etat, provinces, départements et communes, est une personne civile, toujours constituée par une loi, avec un pouvoir exécutif qui perçoit et dépense, mais avec un pouvoir délibératif qui vote la recette et la dépense.

Ici, dans l'espèce, rien de semblable. Ni loi qui constitue, ou du moins nous ne la trouvons pas ; ni contrôle des djemâas, ni contrôle de conseils provinciaux, ni contrôle du conseil du gouvernement.

Les bureaux arabes sont donc, au milieu de l'Etat contrôlé, soumis aux lois générales et particulières de la France et de l'Algérie, un Etat indépendant, avec son budget, son personnel, ses bureaux, son journal, ses cavaliers réguliers et irréguliers, et qui, de plus, dispose de tout le sol, de la liberté de ses administrés, sans même être soumis, comme les autres corps de l'armée, au contrôle d'aucune inspection générale.

En vérité ! nous remercions le *Constitutionnel* de nous avoir obligés à faire ces constatations.

III

Le *Constitutionnel* termine son apologie des bureaux arabes par l'octroi d'un brevet de capacité :

« Cette institution, n'hésitons pas à le dire, a rendu des services signalés à la colonie ; elle a travaillé avec autant d'intelligence que de zèle, avec autant de prudence que d'activité, à la fusion des deux peuples. Si elle a accordé aux indigènes une protection efficace contre les vexations et l'arbitraire des chefs de tribus, elle n'a pas eu moins de sollicitude pour les légitimes intérêts des colons européens. »

Nous aussi, nous terminons notre réponse au *Constitutionnel* par une dernière citation, celle du texte du décret du 13 décembre 1866, rendu à la demande des bureaux arabes.

« Art 1er. Les terres réparties, en exécution du sénatus-consulte de 1863, entre les membres des douars, sont insaisissables pour dettes contractées par ceux-ci antérieurement à la constitution régulière de la propriété.

» Il en est de même du prix d'aliénation desdits immeubles qui n'aurait pas été encore payé.

» Les fruits naturels de ces terres non encore déplacés, les animaux et ustensils servant à leur exploitation, sont également insaisissables pendant cinq années pour les mêmes dettes. . . . . .

. . . . »

Nous n'avons pas le courage de continuer cette citation, car elle nous rappelle le chiffre énorme des malheureux qui sont morts de faim pour n'avoir pu se procurer un sac de blé à crédit, bien qu'ils fussent propriétaires de terres d'une valeur réelle.

Nous le demanderons au *Constitutionnel*, ceux qui ont sollicité ce décret, à la fin de 1866, alors que les sauterelles avaient déjà porté atteinte à la fortune des indigènes, sont-ils des hommes intelligents ou des insensés, des prévoyants ou des imprudents, des administrateurs dont on puisse vanter la sollicitude vis-à-vis des indigènes et surtout vis-à-vis des Européens que le susdit décret tient en suspicion?

Le *Constitutionnel* osera-t-il répondre à cette question? Nous en doutons.

En attendant sa réponse nous allons lui révéler une négociation toute récente, qu'il ignore sans doute et dont le résultat rend témoignage de la haute intelligence des bureaux arabes.

Le 5 octobre 1868, l'autorité supérieure de la province de Constantine fait demander aux Européens notables de cette ville, par l'intermédiaire du maire, leur concours, pour mettre à la disposition de certaines tribus arabes, les plus éprouvées par la famine, des animaux de labour et des céréales pour qu'elles puissent labourer et ensemencer leurs terres dans la campagne agricole 1868 - 1869.

Les territoires des tribus nommées dans la demande de l'autorité embrassent une superficie de 1,187,527 hectares.

La quantité des semences demandées correspond à un emblavement de 30,000 hectares, dont un tiers en blé et deux tiers en orge.

On ne dit pas quel est le nombre de bêtes de labour nécessaires.

Au taux des mercuriales de la place de Constantine, au moment de la demande, la somme nécessaire à l'achat des semences seulement devait s'élever à 600,000 fr. et probablement à un million avec les bêtes de labour.

Les notables de Constantine accueillent la proposition, non dans un but de spéculation, mais dans un intérêt de solidarité, et un sentiment d'humanité, à la condition toutefois que l'opération proposée présentera quelque sécurité pour le remboursement des avances faites.

Avec la meilleure volonté possible, ni l'autorité militaire ni les notables, après quarante-sept jours d'études, de recherches, de propositions et de contre-propositions, ne purent trouver une combinaison donnant une garantie légale d'une somme de 1 million, bien que les emprunteurs fussent propriétaires de plus d'un million d'hectares.

Avec les précautions prises par les bureaux arabes pour que leurs administrés ne puissent ni vendre, ni hypothéquer, la terre qu'ils sont aujourd'hui dans l'impuissance de cultiver n'a désormais d'autre utilité pour eux que de leur offrir l'hospitalité de la sépulture après leur mort.

IV

Notre réponse à l'apologie du *Constitutionnel* serait incomplète si en regard des éloges si largement octroyés à la haute intelligence, à la prudence éclairée et à l'active sollicitude de l'administration des indigènes nous ne faisions connaître la situation dans laquelle se trouvent leurs administrés.

Comme nous pourrions être réputés suspects de partialité si nous dressions nous mêmes le bilan de la situation, nous allons céder la plume à M. le général Lacretelle, un ancien officier des bureaux arabes, tout récemment encore commandant supérieur de la subdivision de Sidi-bel-Abbès.

Voici ce que dit ce général dans un ouvrage publié, il y a quelques mois, avec l'autorisation de M. le maréchal ministre de la guerre, car, on le sait, dans l'armée, nul ne peut signer de son nom un écrit imprimé, sans que le manuscrit ait été soumis au ministre et sans que l'*exequatur* ait été accordé pour la publication. Les aveux du général sont très remarquables.

« Le meilleur moyen, dit-il, pour conjurer un danger, c'est de le regarder courageusement en face, d'en calculer l'étendue, et de savoir prendre résolûment des mesures propres à le surmonter.

» Le véritable patriotisme ne consiste pas à déguiser à son pays les périls d'une situation, à en pallier les conséquences ; — mais à les lui exposer franchement, quelque douloureuses qu'elles soient

» La France est assez forte pour qu'on puisse ne lui rien cacher de la vérité.

Tableau de la misère des Arabes.

» Il n'est que trop vrai que tout ce qu'on rapporte sur la situation des tribus de l'Algérie n'a rien d'exagéré. Nous croyons, de plus, qu'on s'illusionne sur l'avenir et que la belle récolte de cette année n'empêchera pas la situation d'empirer.

» Les Arabes sont journellement décimés par la famine; leurs dernières réserves de grains sont épuisées; leurs troupeaux sont réduits de plus de moitié, et, sur bien des points, ont entièrement disparu. Cette belle race chevaline, qui faisait une des richesses de de l'Algérie, est presque anéantie. Nous apprenons que telle tribu, qui comptait, il y a un an, plus de cent cavaliers, n'en a plus que cinq aujourd'hui, et que la plupart des caïds font à pied les nombreuses courses auxquelles leurs fonctions les obligent. Les bijoux des femmes et une partie des tentes on été vendus.

» Une masse de la population, réduite à l'état de bêtes sauvages, ne vit que de racines et d'immondices, et dispute à la mort, par une nourriture repoussante, un dernier jour de souffrances et d'agonie.

» Dans la province d'Oran, le chiffre des victimes s'élève déjà (1) à plus de CENT MILLE, *c'est-à-dire à près d'un cinquième de sa population*; des milliers de fantômes qui vont à leur tour succomber, se traînent par bandes dans le pays, et y propagent toutes les maladies qui sont le cortége habituel d'une si grande misère.

» Le cercle d'Ammi-Mousa, l'un des plus éprouvés, à perdu à lui seul, en six mois, *la MOITIÉ de sa population* (2).

« En présence de chiffres aussi effrayants, n'est-on pas tenté de croire aux actes d'anthropophagie (3) qui nous sont signalés.

» Présentons quelques calculs pour aider à l'appréciation des secours nécessaires:

» En retranchant les tribus sahariennes, qui trouvent encore des ressources dans leurs troupeaux;

» Les Kabyles, que la faim n'a pas atteints;

» En diminuant la proportionnalité des secours pour quelques localités moins éprouvées, dans les provinces de Constantine et d'Alger;

» En retranchant les principaux *fellahs*, qui, dans les trois pro-

---

(1) Au printemps 1868.

(2) La population du cercle d'Ammi-Mousa était de 52,819 musulmans.

(3) Les cas d'anthropophagie constatés judiciairement sont trop nombreux pour que le moindre doute puisse exister aujourd'hui. Depuis la récolte même, on peut en citer plusieurs exemples, suivis de condamnations judiciaires. Combien de crimes de ce genre sont restés inconnus! On ne le saura jamais.

vinces, ont pu ensemencer et ont de quoi attendre la prochaine récolte;

. » Enfin, en faisant nos calculs de façon à rester à coup sûr au-dessous de la vérité;

» Nous estimons qu'il y a en Algérie *plus de 500 mille individus qui doivent mourir de faim* ou vivre des secours qui leur seront donnés.

» Il est vrai que la mort promène sa faulx infatigable, et que dans peu de temps elle aura réduit *peut-être de moitié* nos éva-luations.

» Et que l'on ne vienne pas nous taxer d'exagération, car bientôt les faits se chargeraient de prouver que nos calculs demeuren inférieurs à la réalité.

» Ne nous laissons pas tromper par des apparences qui ne sont que des illusions.

» Si les indigènes ont pu payer pendant la campagne dernière pour quarante-cinq millions de grains importés en Algérie; si le millésime d'un certain nombre de pièces était celui de la Restauration ou du premier Empire;

» N'en concluons pas que les Arabes ont des ressources cachées considérables.

» Il est certain que ces quarante-cinq millions étaient le dernier effort de la classe la plus aisée des fellahs; encore sommes-nous persuadé qu'une partie de cette somme ne provient que de *prêts usuraires* (1).

» Dans tous les cas, cet argent ne prouve rien pour les 500,000 individus dont nous nous occupons. — *Plus de* 100,000 *ne sont-ils pas morts dans la province d'Oran?* Ceux-là à coup sûr n'avaient pas d'argent caché. — Et les réserves des autres ne les ont pas pré-servés.

» Pensez-vous que la mère qui abandonne l'enfant qu'elle allaitait, que le père qui voit mourir sa famille dans les plus affreuses tortures, que l'homme qui en est venu peut-être à manger d'autres hommes;

» Pensez-vous qu'ils aient encore de l'argent caché et les moyens de traverser sans notre aide une nouvelle année sans récolte?

» Pour affirmer la triste vérité, nous croyons utile de donner quelques lignes d'une lettre que nous recevons d'un colon de la province d'Oran.

» .....L'année s'annonce bien, la récolte promet d'être une des meilleures que nous ayons eu depuis l'occupation.....

» Mais nous avons sous les yeux le revers du tableau : la popula-tion arabe se meurt d'inanition et n'a pas même l'espoir d'une récolte suffisante pour ses besoins; car si un certain nombre de fellahs a labouré des espaces plus ou moins considérables, la masse n'a rien ou presque rien semé; elle ne possède plus de troupeaux,

---

(1) Le général nous paraît qualifier *prêts usuraires* tout emprunt contracté au-dessus du taux légal de 10 0/0. Il ne tient pas compte de l'assurance contre le risque à courir en prêtant dans les condi-tions exposées par lui.

d'argent, de bijoux ; elle a même vendu une partie de ses tentes.... Aussi, malgré la sollicitude du gouvernement pour les Arabes, peut-on prévoir *l'anéantissement presque complet de cette race* D'ICI A DEUX ANS. »

« N'y a-t il pas là de quoi nous convaincre que les secours de la charité publique et ceux accordés par l'Etat, quelques louables qu'ils soient, sont cependant bien loin d'être suffisants ?»

Tel est l'exposé que fait de la situation le général Lacretelle.

En homme généreux, digne fils, digne frère de colons de Sidi-Bel-Abbès, il cherche le remède et un prompt remède au mal, car il n'y a pas de temps à perdre.

Au lieu de patronner, non un expédient, mais ce que tout autre proposerait à sa place, — s'il n'était militaire et ancien officier des bureaux arabes, imbu de tous leurs préjugés anti-économiques, — c'est-à-dire le moyen immédiat, qui sauvegarde la dignité des indigènes en même temps qu'il les rappelle aux conditions vraies de l'existence : celui d'autoriser les affamés à vendre aux colons une partie des terres que leur donne le sénatus-consulte de 1863, pour, avec l'argent obtenu par ce moyen légitime, acheter de suite les vivres nécessaires à la famille, les bêtes de somme indispensables pour labourer et se remettre à gagner leur vie en travaillant — le brave général demande au gouvernement :

1° De nourrir les malheureux jusqu'à la récolte 1869, sans leur demander aucun effort, aucun travail, pour sortir de la condition fatale dans laquelle leur incurie, leur imprévoyance, leur résignation les ont placés ;

2 De faire labourer et ensemencer leurs terres, dès les premières pluies de l'automne 1868, par les soldats français, sous la direction de leurs officiers, des commandants de cercles et de subdivisions;

3° A cet effet, de prendre dans les régiments les fils de laboureurs, dans l'artillerie, dans le génie, dans le train des équipages, même dans la cavalerie (les spahis), les chevaux nécessaires aux labours ; d'acheter, aux frais de l'Etat, semences, charrues, harnais, etc, pour entreprendre, sur tous les points à la fois, une campagne pénible, difficile, impossible même, — pendant que les indigènes resteront les bras croisés, en regardant travailler gratuitement nos soldats, nos chevaux et nos charrues.

Le brave général ne s'aperçoit pas que, pour dégager la responsabilité de ses anciens collègues des bureaux arabes, il propose de désorganiser tous les services militaires de l'armée, qu'il place nos soldats dans la plus fausse des situation en leur demandant, avec des instruments qu'ils ne connaissent pas, avec des chevaux et des mulets qui ne sont pas dressés au travail du labour, avec des harnais qui s'adapteront mal aux animaux, d'aller travailler des terres, variables à l'infini, et dont le travail n'est productif qu'à la condition que celui chargé de l'exécuter saura à l'avance quelles sont les exigences de chaque sol.

De plus, il ne réfléchit pas à la difficulté de pourvoir au campement, à la nourriture, à la santé, à la surveillance disciplinaire, à la réparation de l'outillage pour hommes et pour chevaux dans ce grand nombre de détachements qui seraient disséminés sur toute la surface de l'Algérie; il ne paraît même pas soupçonner que des jeunes soldats puissent être envoyés au milieu des douars arabes sans qu'il résulte d'un tel rapprochement un contact intime que les mœurs locales rendent facile et qui ne serait pas sans danger moral et matériel pour les uns et les autres, car la population indigène est loin d'être saine.

Si la proposition du général Lacretelle pouvait être soumise à l'épreuve d'un essai, on reconnaîtrait de suite :

Que la partie de l'armée d'Afrique non employée aux labours ne suffirait pas à la garde des camps des travailleurs et à l'escorte des convois chargés des ravitaillements;

Que les chevaux et mulets sur lesquels on compte pour le labour devraient, avant tout, être exclusivement affectés aux transports nécessaires pour l'approvisionnement journalier des travailleurs et de leurs surveillants et même qu'ils ne seraient pas assez nombreux;

Enfin, qu'avant peu, il n'y aurait en Algérie, ni assez d'officiers de santé, ni assez d'hôpitaux, pour soigner les maladies de toute nature, gale, teigne, dartres, syphilis, scrofules, fièvres, typhus même, qui résulteraient du contact des détachements avec les douars arabes.

Pour que l'expédient proposé pût produire quelque résultat réel, un minimum de 15,000 charrues serait nécessaire pour labourer de 150 à 200,000 hectares, — soit le dixième des cultures annuelles, pour ne soulager que la moitié des malheureux, car le général estime que leur nombre s'élève à plus du cinquième de la population totale — et ce minimum de 15,000 charrues exigerait :

30,000 travailleurs (par charrue, 1 pour tenir le mancheron, 1 pour conduire les bêtes);

15,000 hommes de garde ;
30,000 bêtes de travail ;
15,000 hommes pour les ravitaillements ;
30,000 bêtes de somme pour les convois d'approvisionnements.

Ensemble : 60,000 hommes et 60,000 bêtes.

Et l'effectif total de l'armée d'Afrique, en 1866, états-majors, gendarmerie, services administratifs, troupes françaises, troupes indigènes et condamnés militaires, ne s'élevait qu'aux chiffres suivants :

Hommes (officiers et soldats)............................ 64.854
Bêtes (d'officiers, de troupe et de trait).................. 14.568

Pour n'obtenir qu'un minimum de secours, peut-être inutile en raison de l'inexpérience agricole du soldat, on serait donc obligé de demander à l'armée, en France, au moins 20,000 hommes pour assurer les services ordinaires en Algérie et près de 50,000 chevaux ou mulets.

C'est un rêve.

Le général Lacretelle n'a donc pas soumis sa proposition au contrôle du moindre calcul ; il ne sait donc pas qu'un peuple est un peuple et que rien ne peut suppléer à son action, et qu'une armée n'est qu'une armée.

Et c'est pour proposer cette voie de salut, *in extremis*, que le général, avec l'approbation du ministre de la guerre et aux applaudissements des officiers du commandement et des bureaux arabes, a publié une brochure de 102 pages *in-quarto*, éditée avec un certain luxe, et qu'on trouve chez tous les libraires de France, en province comme à Paris !!!

En vérité, on ne pouvait mieux démontrer que le gouvernement, le commandement et l'administration de l'Algérie doivent être confiés à des fonctionnaires de l'ordre civil et que les populations indigènes de l'Algérie ne peuvent échapper « à l'anéantissement complet » dont on parle et que l'on redoute « d'ici à deux ans » si, immédiatement, le régime militaire auquel l'Algérie est soumise n'est remplacé par le régime civil.

Qu'en pense l'éminent économiste auquel la rédaction en chef du *Constitutionnel* est confiée ? Nous désirerions bien avoir son opinion motivée sur les doctrines économiques des bureaux arabes.

BUDGETS PROVINCIAUX

Participation des indigènes et des Européens
à leur formation.

Avant d'aborder à nouveau ce sujet, déjà longuement traité dans notre deuxième lettre à M. Rouher, revenons au point de départ.

Dans son discours contre les amendements présentés au nom des colons, Son Excellence M. le ministre avait dit :

» Le colon qui demande le droit d'élection et d'éligibilité aux conseils généraux *ne paye* ABSOLUMENT AUCUN CENTIME pour la formation des budgets des recettes provinciales dont il veut opérer la distribution. Veut-il arriver, par le système électif, à s'emparer de ressources qu'il ne crée pas, qu'il ne constitue pas, qu'il n'alimente pas et qu'il détournerait de leur origine pour les porter sur le territoire colonial, sur ses villages ou ses communes, au préjudice de celui qui paye, c'est-à-dire de l'*Arabe qui fournit* A TOUT *le budget provincial de la colonie ?*

« Eh bien, messieurs, cela est-il acceptable ? cela est-il juste ? *N'y a-t-il pas une condition* PRÉALABLE *à cette prétention ?* Cette condition est l'impôt.

» Nous ne reculons nullement devant la pensée que le jour où l'impôt foncier sera organisé sur les propriétés des colons — et cette date est assez prochaine, — les colons pourront être représentés par voie élective aux conseils généraux. »

Nous avons répondu à ce dire de M. le ministre d'Etat en démontrant :

1° Que, loin de ne payer aucun centime pour la formation des budgets des recettes provinciales, les colons y contribuaient pour une part proportionnelle, par tête, supérieure à celle des indigènes ;

2° Que la condition exigée pour l'élection et l'égibilité se trouvant remplie, l'ajournement d'un droit reconnu légitime ne se comprenait pas.

3° Qu'en tout état de cause, le droit à une représentation élective ne pouvait être subordonné à des mesures purement financières, comme celle de l'etablissement de l'impôt foncier, dont l'exécution du cadastre pouvait retarder indéfiniment l'application et dont il serait injuste de frapper le territoire civil sans y soumettre en même temps le territoire militaire.

Pour que l'opinion publique comprenne de suite la raison du débat, nous devons lui rappeler que la décentralisation administrative des provinces et la création des conseils généraux sont l'œuvre du ministère de l'Algérie et des colonies, œuvre civile, désapprouvée avant, pendant et après comme prématurée par les militaires de l'Algérie ; que, pour opérer cette réforme, commencement d'assimilation avec la France, le prince Napoléon, en chargeant les départements et les provinces de pourvoir aux dépenses qui, en France, incombent aux administrations départementales, a dû, en même temps, leur créer les ressources financières nécessaires, et qu'en attendant une réforme ultérieure dans le système des impôts jusque-là et encore aujourd'hui en usage en Algérie, il a fait deux parts des contributions perçues au nom de l'Etat. Il a réservé pour le trésor public toutes les recettes certaines et en progrès constant, et a attribué aux budgets provinciaux toutes les recettes incertaines, aléatoires, d'un contrôle difficile, entre autres une partie des contributions et des amendes arabes, dans l'espoir, très probablement, que les conseils généraux parviendraient à les rendre fixes, progressives et régulières.

Cette immixtion des conseils généraux dans les impôts et les amendes arabes, bien qu'elle n'ait jamais pu aboutir à un examen sérieux du mode d'assiette et de perception de la portion des recettes qui leur était dévolue, n'a jamais été agréable, ni au gouvernement militaire, ni au commandement et encore moins aux bureaux arabes. Si, depuis dix ans, il y a eu quelques progrès — quoique minimes, — introduits en ces matières, peut-être sont-ils dûs à ce que les conseils généraux avaient besoin de recettes pour pourvoir à leurs dépenses. Si ce n'est certain, c'est probable et cela était gênant.

Dans son mécontentement contre les conseils généraux — conquête acquise et qu'il a été impossible de reprendre, — le militarisme algérien a toujours dit, écrit, quoiqu'on ait cent fois réfuté ses assertions, que l'institution départementale et provinciale ne vivait, ne se soutenait, ne se perpétuait que grâce à la production arabe. C'était une satisfaction qu'il donnait à sa rancune.

Quand, dans la dernière session législative, quelques députés présentèrent, au nom des colons, un amendement en douze articles, qui contenait tout un programme de réformes désirées, le gouvernement métropolitain demanda au gouvernement général de l'Algérie d'envoyer à Paris quelqu'un pouvant l'éclairer sur toutes les questions qui allaient être discutées devant le Corps législatif. M. le colonel Gresley, chef du bureau politique des affaires arabes de l'Algérie, reçut mission de venir à Paris, pour fournir à M. le ministre d'Etat et aux autres organes du gouvernement, les renseignements dont ils pouvaient avoir besoin, et, sur la question des conseils généraux (*troisième article des amendements*), le colonel répéta à M. Rouher ce qui est accrédité, comme parole d'évangile, dans tout le personnel du commandement et des bureaux arabes de l'Algérie.

De là, les affirmations convaincues, précises, très nettes, de M. Rouher à la tribune : *pas un centime payé par les Européens ;* de là, aussi, l'obligation pour M. le colonel Gresley, après le démenti par nous donné à cette assertion, de démontrer, par la voie du *Constitutionnel*, qu'il n'avait pas induit M. le ministre d'Etat en erreur sur un point aussi important.

Voici ce que dit le *Constitutionnel* :

« Dans la discussion sur les affaires de l'Algérie, au Corps législatif, M. le ministre d'Etat s'est exprimé ainsi : « La seule source des budgets provinciaux est l'impôt arabe ; pour la formation de ces budgets dont ils veulent opérer la distribution, les colons ne paient absolument aucun centime. »

» Cette déclaration est de la plus rigoureuse exactitude. Elle a cependant été attaquée par les auteurs de la lettre publiée par *l'Economiste*. Ils ont fait remarquer que les budgets provinciaux de 1865 et de 1866, aujourd'hui réglés, présentaient une différence notable entre le chiffre des dépenses acquittées et le montant des contributions arabes. Ils en ont conclu qu'il fallait ajouter à ces dernières, pour établir la balance de la comptabilité, le produit d'impôts prélevés sur les colons, c'est-à-dire un peu plus de deux millions.

» Pour réfuter cette erreur, nous avons deux choses à faire. La première, c'est de bien préciser la pensée de M. Rouher. Elle se résume dans cette question bien simple : les colons peuvent-ils, en raison des charges qu'ils supportent, réclamer comme un droit la jouissance des prérogatives qui découlent en France du payement de l'impôt? La seconde, c'est de faire connaître exactement, et à l'aide de documents officiels, la part contributive des colons dans ces budgets provinciaux qui jouent, en Algérie, le même rôle que nos budgets de départements.

» En France, les recettes départementales se composent des ressources indiquées dans l'article 10 de la loi du 10 mai 1838.

» Telle n'est pas la composition des budgets algériens, dont le décret du 27 octobre 1858 fixe les recettes. Disons de suite, et avant d'en donner l'état, que les *centimes additionnels* n'y figurent que pour mémoire. La raison en est bien simple : *les propriétés des Européens n'étant point frappées d'impôt, il ne saurait y avoir de centimes additionnels.*

» M. le ministre d'Etat est donc resté dans la vérité stricte lorsqu'il a dit que les colons ne payent absolument aucun centime.

» Mais faut-il prendre cette déclaration dans un sens absolu? Non, car ce serait s'exposer à un malentendu que nous tenons à éviter. Examinons donc avec soin les éléments qui alimentent en Algérie l'actif des budgets provinciaux. »

Suit un examen des recettes provinciales, article par article, qui se trouve compris dans les tableaux que nous dressons nous-mêmes ci-après.

Puis le *Constitutionnel* conclut, ainsi qu'il suit :

« Résumons-nous. Les comptes que nous venons de dresser prouvent que, pour couvrir les dépenses inscrites au débit de 1866, et s'élevant à la somme de 7,364,032 francs, les Européens ont réellement fourni aux recettes provinciales la somme de 187,864 francs.

» Il y a loin, comme on le voit, de ce dernier chiffre à la somme de 2,233,483 francs, montant de la différence signalée par l'*Economiste*. M. le ministre d'Etat était donc fondé à dire qu'avant de réclamer la faculté de concourir à la nomination des conseils généraux, les colons devaient songer à accomplir leurs devoirs de contribuables. Qu'ils alimentent d'abord les budgets provinciaux; ils prendront ensuite part active, par leurs délégués, à la répartition et à l'application des deniers communs. Qu'ils suivent l'exemple des indigènes, qu'ils se soumettent à l'*impôt foncier*. Une fois la charge acceptée, ils pourront revendiquer le droit et ils le revendiqueront avec fruit. »

A notre tour, livrons-nous à l'examen contradictoire de la démonstration du *Constitutionnel* et faisons suivre cet examen des considérations d'ordres divers qui se rattachent à cette question, capitale pour l'Algérie, car, avec une administration normale dans chaque département et dans chaque province, elle pourrait accomplir bien des progrès.

I

Il y avait pour le *Constitutionnel* et ses inspirateurs un moyen sans réplique de démontrer qui de M. Rouher ou des colons a raison : c'était de faire l'addition de toutes les sommes fournies aux budgets provinciaux, article par article, par les indigènes et les Européens, et d'en comparer les totaux aux chiffres des deux populations, pour en dégager la quotité proportionnelle. Nous attendions cette preuve du *Constitutionnel*, car il nous avait averti qu'il allait opposer à nos erreurs « des renseignements sûrs, précis, détaillés, minutieux ; » mais, au lieu d'une démonstration arithmétique, il se borne à dresser, non le compte de ce que payent les indigènes, mais un aperçu approximatif, hypothétique de l'apport européen — qui, d'après notre contradicteur s'élèverait à 187,864 francs, ce qui est déjà plus que *zéro*. — Mais, pour n'avoir que ce total restreint, il retranche, savoir :

1° La part de l'octroi de mer attribuée aux budgets provinciaux et payée, pour les neuf-dixièmes, par les Européens, laquelle part s'élève, en 1866, au total net de 787,142 fr. 72 (1) et non à 691,764 francs, comme le prétend notre contradicteur ;

2° Le remboursement par les communes ou les familles des frais de traitement des malades dans les hôpitaux qui s'élève à 183,443 francs ;

3° La subvention de 1,320,000 francs, fournie par le budget de l'Etat, à défaut de ressources suffisantes, et qui doit, pour le moins, être répartie entre indigènes et Européens, au *prorata* des parts pour lesquelles ils contribuent à la formation du budget de l'Etat.

Pourquoi le *Constitutionnel* a-t-il procédé ainsi ? C'est que toute autre manière de calculer eût démontré mathématiquement la vérité de ce que nous affirmions et l'erreur

---

(1) Voici la décomposition de ce chiffre, d'après le *Tableau de la situation de l'Algérie*, (1865-1866) pages 72 et 73 :

	Produit net.
Province d'Alger	281.763 79
— d'Oran	241.309 92
— de Constantine	264.069 01
Total....	787.142 72

dans laquelle on a entretenu et on cherche encore à entretenir M. le ministre d'Etat.

Nous allons donc, avec les documents officiels dont nous disposons, faire le travail que nous attendions du *Constitutionnel*.

BUDGET PROVINCIAL DE 1866

Recettes ordinaires	*Indigènes*	*Européens*
1° Loyers, fermages et rentes...............	54.102	54.102
2° Cinq dixièmes nets de l'impôt arabe (1).	4.462.986	»
3° Centimes additionnels..................	»	»
4° Cinquième net de l'octroi de mer (2)....	78.714	708.428
5° Remboursement des frais d'hôpitaux...	»	183.443
6° Portion des amendes arabes du territoire militaire (3)...........................	281.847	»
7° Portion du territoire civil (environ).....	10.000	»
8° et 9° Berranis — plaques, livrets, amendes (environ)........................	20.000	»
10° Produits des archives.................	»	319
11° Taxes des pharmacies.................	»	7.150
12° Amendes judiciaires.	59.735	22.078

(1) Les cinq dixièmes bruts de l'impôt arabe, en 1866, se sont élevés aux chiffres suivants :

Hokor (loyer des terres)...................	631.204
Zekkat (impôt sur les bestiaux)............	2.216.208
Achour (impôt sur les grains)..............	1.639.278
Lezma (impôt du Sahara).................	643.857
Total.....	5.130.547

(Voir *Tableau de la situation de l'Algérie*, de 1866, page 62.)

De ce total il y a à défalquer 10 0/0 au profit des chefs indigènes, plus les frais de trésorerie.

(2) Dans la répartition de l'octroi municipal de mer entre les communes, au *prorata* de leur population, 10 indigènes sont comptés comme 1 européen, parce que telle est leur part contributive dans la formation de cet impôt. Nous avons suivi la même règle pour la part attribuée aux budgets provinciaux.

(3) Nous trouvons au même *Tableau de la situation de l'Algérie*, page 150, la somme totale des amendes du territoire militaire en 1866. Elle est de 429,197 fr. 50. Mais il y a à en défalquer, outre les frais de trésorerie, la part qui revient aux kaïds, aux aghas et aux bach-aghas, et qui varie suivant la quotité de chaque amende et le grade de celui qui l'inflige. Nous croyons avoir été très larges en estimant à 281,847 fr. la part des budgets provinciaux. Nous n'avons trouvé dans aucun document embrassant les trois provinces le chiffre des amendes des indigènes du territoire civil et de la corporation des Berranis; nous l'avons estimé approximativement en exagérant plus qu'en diminuant.

Recettes extraordinaires	*Indigènes*	*Européens*
1° Centimes facultatifs...................	»	»
2° Vente d'immeubles ou mobiliers.......	5.199	5.199
3° Dons et legs...........................	»	»
4° Remboursement de capitaux et de rentes...................................	»	2.505
5° Emprunts..............................	»	»
6° Fonds commun (1)	»	»
7° Subvention (Etat et communes) (2)....	535.064	855.577
8° Recettes accidentelles................	8.792	8.792
Totaux.....	5.516.439	1.847.593
Somme égale aux dépenses payées......		7.364.032

La somme de 5,516,439 francs est le maximun que les indigènes puissent avoir versé au budget provincial de 1866, soit 2 fr. 05 c. par tête, quand le minimum des Européens donne environ 8 fr. 15 c. par colon, c'est-à-dire que celui réputé ne pas payer un centime, contribue, en beaux écus sonnants, quatre fois autant que l'Arabe auquel on accorde l'honneur de fournir le tout.

Dans notre lettre du 3 août à M. le ministre d'Etat, nous avons estimé l'apport européen à 2,233,483 fr.; aujourd'hui nous le réduisons à 1,847,593 fr., mais, nous le répétons, ce dernier chiffre est considéré par nous comme la dernière limite *minima* à assigner aux contributions provinciales des colons.

Sans aucun doute, nous devrions ne donner que des chiffres

---

(1) Cet article, qui indique la part attribuée à chaque province sur le fonds commun, peut recevoir des chiffres dans les budgets particuliers, mais il doit rester en blanc dans un examen qui embrasse l'ensemble.

(2) En 1866, la subvention des communes s'est élevée à.. 70.641 fr.
Celle de l'Etat à.. 1.320.000

Ensemble..... 1.390.641 fr.

Sur la subvention des communes, nous attribuons 1 dixième aux indigènes, part proportionnelle à leur apport dans les recettes municipales.

Sur la subvention de l'Etat, nous prenons pour base de répartition entre les deux ordres de contribuables, la proportion de leurs apports a ce budget, défalcation faite, pour les indigènes, de ce qui constitue leur participation à la formation des budgets provinciaux : impôt dit arabe et amendes, etc., que nous n'avons pas à compter deux fois. Alors la proportion est de 4 dixièmes pour les indigènes et de 6 dixièmes pour les Européens. Dans ce partage, nous savons que nous faisons une part très large à l'indigénat.

mathématiquement exacts à un centime près; ce sera toujours notre règle quand le gouvernement publiera des documents plus précis — en matière financière ils devraient toujours l'être, — mais les documents officiels ne brillent pas toujours par la clarté et nous ne pouvons en tirer la lumière qui n'y existe pas.

La situation que fait le gouvernement de l'Algérie à ceux qui s'occupent des affaires de ce pays permettra au *Constitutionnel*, nous le savons, de prétendre que sa manière de compter vaut la nôtre et de persister à se croire très bien renseigné comme nous persistons à maintenir que la vérité est avec nous. Malheureusement le public, non algérien, ne peut pas être juge de nos affirmations contradictoires et c'est là ce qui fait la force de nos adversaires. Mais, entre le *Constitutionnel* et nous, il y a un arbitre possible, très compétent dans la matière et que le *Constitutionnel*, nous en sommes convaincus, ne récusera pas : c'est le corps de l'inspection générale des finances de l'Algérie, auquel tous les livres de comptabilité sont ouverts, qui peut obtenir des divers agents des services financiers les détails les plus précis sur les sources des fonds qui entrent dans leurs caisses et conséquemment dresser un bilan exact des apports européens et indigènes aux budgets provinciaux. Le *Constitutionnel*, en cette affaire défend une affirmation consciencieuse de M. le ministre d'Etat; nous, mandataires des colons, nous sontenons une prétention légitime; tous deux, nous avons le même intérêt à connaître la vérité ; tous deux acceptons l'arbitrage de l'inspection générale des finances et unissons nos efforts pour obtenir que le gouvernement général de l'Algérie permette à notre arbitre commun de prononcer souverainement en une matière aussi grave.

Oui, le sujet est grave: la dignité des contribuables français de la métropole serait très blessée si, du haut de la tribune législative, un personnage éminent venait affirmer, qu'à défaut de ressources suffisantes de l'impôt national, les contributions arabes de l'Algérie pourvoyent aux dépenses des grands corps de l'Etat. Il est vrai que la risée publique ferait justice de pareille assertion, parce que chacun connaît la situation de nos finances. Mais il n'en est pas de même des affaires de l'Algérie; ainsi, M. le ministre d'Etat peut affirmer que l'impôt arabe est la seule source des budgets provinciaux de la colonie, non-seulement sans provoquer la moindre dénégation dans une chambre de 280 membres; mais encore lorsque nous, mandataires des colons, nous venons, dans une lettre respectueuse et fortement motivée, rétablir la vérité méconnue, un journal, le plus accrédité parmi les défenseurs du gouvernement, nous réplique que « la déclaration de M. le ministre d'Etat est de la plus rigoureuse exactitude. »

Si cette déclaration, contraire à la réalité, est déjà peu flatteuse pour les colons, les réflexions dont l'honorable ministre l'a accompagnée, le doute émis sur la loyauté de leurs intentions ont blessé tous les hommes de cœur de la colonie.

Les paroles de M. Rouher ont eu un grand retentissement en Algérie, car, on le comprendra sans peine, il convient peu aux colons, écrasés sous le poids d'impôts doubles de ceux de France, de passer pour des parasites, pour des entretenus et encore moins, lorsqu'ils revendiquent un droit imprescriptible, d'être soupçonnés de vouloir, par l'élection, s'emparer des ressources des mendiants arabes.

Le sentiment de leur dignité de citoyens français leur faisait un devoir de protester et c'est par notre plume que cette protestation est parvenue à M. le ministre d'Etat. Maintenant, le *Constitutionnel* nous réplique, au nom du gouvernement, que le dire de M. Rouher est fondé; nous protestons à nouveau et nous opposons chiffres à chiffres, en demandant que l'inspection générale des finances de l'Algérie soit arbitre entre notre version et celle du gouvernement.

Refusera-t-on l'arbitrage? Nous ne le pensons pas. Les conclusions de l'article du *Constitutionnel* sont une garantie de l'accueil qui sera fait à notre demande.

Si, comme nous le croyons, l'engagement pris par le *Constitutionnel* émane du gouvernement, on ne peut nous refuser de faire la preuve que les Européens versent aux budgets provinciaux, comme nous le prétendons, quatre fois par tête la somme fournie par chaque contribuable indigène et nul n'est plus à même de faire cette preuve que l'inspection générale des finances de l'Algérie.

« Erreur ne fait pas compte » dit le proverbe; s'il est démontré à M. le ministre d'Etat que l'impôt arabe ne constitue pas seul les budgets provinciaux de l'Algérie, la cause de l'éligibilité des conseils généraux se trouve gagnée.

L'engagement à cet égard n'émane pas du *Constitutionnel* seul. M. le ministre d'Etat l'a formulé lui-même en ces termes devant le Corps législatif: « Le jour où la charge sera constituée, il semble au gouvernement raisonnable de conférer le droit correspondant. »

C'est pourquoi nous demandons à l'inspection générale des finances de l'Algérie de constater que la charge existe. On ne peut se refuser à une aussi modeste demande. Deux cent cinquante mille colons attendent la réponse.

Nous trouvons dans le procès-verbal des délibérations du conseil général d'Oran (séance du 9 octobre 1868) le compte rendu de la suite donnée aux vœux présentés par le conseil dans sa session de 1867.

L'élection des conseils généraux — question traitée ici par nous — était au nombre de ces vœux.

Voici ce qu'en dit le rapporteur :

« Il a été répondu à M. le Préfet, par son Exc. le gouverneur général :

« Ce vœu du conseil ne sera susceptible d'être pris en considération qu'autant qu'il pourra s'appuyer sur le principe que le budget et l'impôt ne doivent être votés que par les délégués de ceux qui sont appelés à les payer.

» Or, d'une part, les ressources qui alimentent les budgets provinciaux ne sont pas, comme en France, tirées de l'impôt direct, et la plus considérable de ces ressources (le dixième des impôts arabes), a un *caractère essentiellement* SUBVENTIONNEL.

» D'autre part, les opérations cadastrales qui s'effectuent en vue de l'établissement de l'impôt foncier, ne sont point encore assez avancées pour que les conseils généraux puissent voter des centimes additionnels à cet impôt, comme ils le font dans la métropole.

» Telles sont les considérations qui ont déterminé le gouvernement à ajourner la prise en considération de la demande formée par le conseil général ; mais je suis autorisé, ajoute M. le préfet, à donner au Conseil général l'assurance qu'il ne dépendra pas de l'administration que cet ajournement n'aboutisse à un terme aussi prochain que possible. »

« Cette question, Messieurs, a une haute importance, car ce *vœu est celui de toute la population européenne.* Aussi croyons-nous devoir insister près de l'autorité supérieure pour que satisfaction lui soit donnée.

» Examinons, en quelques mots, les objections qui sont faites contre son adoption.

» Ce vœu ne s'appuie pas, dit-on, sur le principe que le budget et l'impôt ne doivent être votés que par les délégués de ceux appelés à les payer.

» Les Européens ne payent pas encore, il est vrai, l'impôt foncier ; mais, malgré cela, ils concourent à la formation des budgets provinciaux pour une quotité par tête plus élevée que les indigènes. Cela est si vrai, qu'en 1864, le gouvernement général, dans une note inséré au *Tableau de la situation de l'Algérie* (page 334), disait :

« D'après les documents statistiques qui viennent d'être établis, mais qui ne sont encore complets que pour la province d'Alger, il ressort que l'Européen des territoires civils de cette province a payé en 1862, à *un* service, celui des contributions diverses, une moyenne d'impôt par tête de 28 fr. »

« Il ne s'agit que d'un seul service ; viennent ensuite : les recettes municipales, les douanes, l'enregistrement, le domaine, le timbre, etc., qui tous perçoivent des impôts. Il n'est donc pas exact de dire que l'Européen est en Algérie exempt d'impôts ; car, on le voit, sans l'impôt foncier, il paye aujourd'hui presque autant qu'en France. Et de ce que les ressources qui alimentent les budgets provinciaux ne sont pas, comme en France, tirées de l'impôt direct, faut-il rigoureusement conclure que la réalisation de ce vœu ne peut être admise ?

» La mission d'exprimer les vœux du pays joue un très grand rôle dans les attributions des conseils généraux algériens, et, ne fût-ce qu'à ce titre, on comprendrait pourquoi les populations tiennent autant à nommer les membres de leurs Conseils.

» Votre commission vous propose donc de renouveler le vœu. »

Cette proposition est adoptée.

Les conseils généraux des trois provinces ont émis les mêmes vœux, on leur a fait la même réponse et tous ont renouvelé le vœu en affirmant que les Européens payaient plus d'impôts que les indigènes et autant ou presque autant que les contribuables de France.

II

Nous avons dû, jusque-là, suivre le *Constitutionnel* sur le terrain où il s'était placé, celui du fait, de la fiction, d'un budget, composé d'éléments hétérogènes, dans lequel on trouve des recettes de toutes natures, à l'exception des contributions véritablement départementales et provinciales; mais ce terrain n'est pas celui de la vérité administrative et financière.

Dans notre seconde lettre du 18 août à M. Rouher — et nous sommes étonnés qu'en nous répondant le 12 septembre le *Constitutionnel* n'en ait pas tenu compte — nous disions ceci à propos des recettes provinciales :

« Ces recettes se composent de quatre éléments :
» Une dotation de l'Etat sur sa part des contributions dites arabes ;
» Une dotation des communes sur leur part d'octroi de mer ;
» Quelques ressources propres au département ou à la province ;
» Une seconde dotation de l'Etat, quand les recettes ordinaires

ne suffisent pas aux dépenses obligatoires, ce qui est le cas ordinaire. »

Ramenée à ces proportions — qui sont celles de la plus rigoureuse exactitude — les recettes des budgets provinciaux ne se composent plus que de quatre articles :

1° *État* (première dotation : art. 2, 6, 7, 8, 9, 12 des recettes ordinaires).. 4,856,646 f.

2° *Communes* (dotation : art. 4 des recettes ordinaires et subvention : art. 7 des recettes extraordinaires)...... 857,783

3° *État* (deuxième dotation : art. 7 des recettes extraordinaires).. 1,320,000

4° *Provinces* (ressources propres : art. 1er, 5, 10, 11 des recettes ordinaires, 2, 4 et 8 des recettes extraordinaires)... 329,603

Total........ 7,364,032 f.

Dans la somme de 329,603 fr. de recettes provinciales proprement dites, l'apport des Européens s'élève (art. 1er, 5, 10, 11 des recettes ordinaires, 2, 4 et 8 des recettes extraordinaires), à la somme totale de 261,510 fr. (1).

L'apport des indigènes (art. 1er des recettes ordinaires, 2 et 8 des recettes extraordinaires) est de 68,093 fr.

Oui, la part *directe* pour laquelle les indigènes concourent à la formation des budgets provinciaux ne s'élève pas au-delà de 68,093 fr. et nous allons le démontrer :

La première dotation de l'État s'élevant à 4,856,646 fr. provient, il est vrai, des cinq dixièmes de l'impôt arabe, c'est-à-dire des cinq dixièmes du *Hokor*, du *Zekkat*, de l'*Achour*, de la *Lezma*.

Or, qu'est-ce que le Hokor (mot à mot *loyer des terres*) ?

C'est l'impôt qui représente le droit du souverain à la nue-propriété du sol dont le contribuable n'est qu'usufruitier. C'est, par excellence, un impôt de souveraineté et non un impôt provincial. Avant 1830, il était perçu par les Turcs dans les trois provinces de l'Algérie et il y constatait les droits du pacha d'Alger, — dont nous étions les héritiers, — à la nue-propriété du sol, droits soi-disant « despotiques et surannés » auxquels l'Empereur a renoncés par le séna-

____

(1) Sur cette somme de 261,510 fr., il y a, il est vrai, à défalquer 183,443 fr. en remboursement de frais d'hospitalisation, prix d'un service reçu ; reste alors à l'avoir européen — 78,067 fr., c'est-à-dire environ dix mille fr. de plus qu'à l'avoir indigène.

tus-consulte de 1863 et qu'on maintient, nominalement du moins, en continuant, — nous ne savons trop pourquoi — à percevoir l'impôt qui les consacrait.

Le Hokor a été aboli par Abd-el-Kader — nous allons en dire la raison — dans les provinces d'Oran et d'Alger sur lesquelles il a étendu sa domination et Akmet bey l'a maintenu dans la province de Constantine jusqu'au jour où les Français l'ont remplacé comme maîtres dans son beylik, c'est pourquoi il figure encore, par la puissance de la routine, parmi les impôts de la province de Constantine.

Qu'est-ce que le Zekkat?

Le Zekkat est un impôt religieux, prescrit par le Coran et dont le produit, d'après tous les jurisconsultes musulmans, doit être affecté à faire l'aumône aux mendiants, à fournir des secours aux malheureux pèlerins qui entreprennent le voyage de la Mekke, *à entretenir les armées qui combattent les infidèles dans la guerre sainte.*

Abd-el-Kader, proclamé *Emir-el-Moumenin*, (titre que prennent tous les généraux musulmans chargés de lutter contre les infidèles) a demandé à son peuple, non le *Hokor*, parce qu'il ne voulait pas paraître usurper les droits du souverain, mais l'*impôt spécial de la guerre sainte*, le *Zekkat*; alors, nous l'avons trouvé établi dans les provinces d'Oran et d'Alger. Il était perçu sur toute la richesse mobilière, dont les bestiaux constituent la plus grande part chez les Arabes. En maintenant le Zekkat, nous l'avons qualifié *impôt sur le bétail* et nous le percevons comme un gage de la soumission des tribus, c'est-à-dire à titre de souveraineté et non comme impôt provincial.

L'Achour (*decima pars*) est la dîme, dont l'origine remonte à la loi de Moïse, laquelle affectait le dixième des fruits de la terre à l'entretien du culte et de ses ministres. Mohammed (le prophète) l'a maintenu dans l'islamisme. L'Achour est donc un impôt religieux musulman que les indigènes payaient aux Turcs et à Abd-el-Kader, avant notre domination, et qu'ils continuent à payer à notre gouvernement comme gage de fidélité au souverain.

La Lezma (mot à mot *ce qu'il faut*, ce qu'exige le souverain), est une sorte d'abonnement avec les Sahariens qui remplace tous les autres impôts perçus sur les contribuables telliens. C'est, par excellence, un impôt de souveraineté perçu et soldé comme témoignage d'acceptation de notre domination.

D'abord, la totalité de ces quatre impôts a été versée, exclusivement, dans les caisses de l'Etat, parce que, de leur nature, ils sont impôts d'Etat et encaissés uniquement à ce titre par les agents du Trésor public. Plus tard, le Trésor public a consenti, successivement, progressivement, dans l'intérêt de diverses combinaisons administratives , à en abandonner quelques parcelles à titre de dotation ou de subvention transitoires; mais ces délégations ne modifient pas la nature de ces impôts. Aujourd'hui comme hier, c'est le ministre des finances, au nom de l'Empereur, au nom de l'Etat, qui contribue à la formation des budgets provinciaux de l'Algérie, et non les indigènes comme on le prétend à tort.

L'administration algérienne, *en ses services civils*, n'a pas d'autre doctrine ; nous en trouvons la preuve dans les rapports des préfets aux conseils généraux et dans la lettre du gouverneur général, lue au conseil général d'Oran dans sa séance du 9 août 1868, et par nous reproduite ci-dessus. « *Le dixième des impôts arabes*, y est-il dit, *a un caractère essentiellement subventionnel.* »

Si l'administration militaire, *en ses services arabes*, n'est pas de cet avis, c'est qu'elle ignore les règles les plus élémentaires en matière de finances.

III

On prétend aussi — M. le ministre d'Etat et le *Constitutionnel* — que le Hokor, le Zekkat, l'Achour et la Lezma constituent un impôt foncier et alors on dit : cinq dixièmes sont payés à l'Etat à titre de principal ; cinq dixièmes entrent dans les caisses provinciales à titre de centimes additionnels au principal.

Rien n'est plus faux.

D'abord, les indigènes ne payent pas un centime de plus aujourd'hui qu'avant la création des budgets provinciaux. La décentralisation des affaires départementales et provinciales n'a entraîné pour l'Algérie, pas plus pour les indigènes que pour les Européens, aucune modification dans l'assiette et la perception des impôts antérieurs. Aujourd'hui comme hier, tout est principal. Aussi ne pouvons-nous attribuer qu'à l'ignorance de ce fait, trois notes du *Constitutionnel* aux articles 2 et 3 des recettes ordinaires et 1 des recettes extraordinaires, notes ainsi conçues : *Néant pour les Européens*. Il aurait dû ajouter : COMME POUR LES INDIGÈNES, car ces articles ne figurent au budget qu'à titre d'indication de ressources futures, réellement provinciales, que le gouvernement veut créer pour l'avenir, en remplacement de celles d'expédients, qu'il a dû accorder transitoirement.

L'impôt arabe, disons-nous n'est pas un impôt foncier, et cela par une raison bien simple, c'est qu'il n'a pour base, ni la superficie, ni la productivité du sol, ni tous les produits que le contribuable tire du sol.

Exemples : l'Arabe cultivateur de céréales et propriétaire de bœufs, de moutons, de chèvres, de chameaux paye l'achour et le zekkat; mais l'Arabe qui, sur des terres de premier choix et sur une étendue illimitée, au lieu de faire des grains, au lieu d'élever les animaux ci-dessus nommés, cultiverait des fourrages naturels et artificiels, des cotons, des vignes, des tabacs, des lins, des racines, des légumes et élèverait des chevaux, des mulets, des ânes, des porcs, des troupeaux d'oies et de dindons, — tous produits beaucoup plus riches que ceux imposés — ne payerait pas un centime d'impôt, la superficie exploitée par lui fût-elle de mille, de deux mille, de dix mille hectares.

Aujourd'hui, les grands propriétaires indigènes, dans le voisinage des centres de colonisation, échappent à l'impôt en ne faisant que de la production fourragère sur leurs terres, et ils en tirent plus de revenus que par la culture et l'élevage.

L'impôt arabe est donc un impôt de production et limité à quelques produits il n'est pas, comme le croyent et l'affirment M. le ministre d'Etat et le *Constitutionnel*, un impôt foncier. Cela est si vrai, que l'impôt arabe augmente ou diminue, la terre restant en superficie et en qualité la même, suivant que les cultures sont plus ou moins étendues, les récoltes plus ou moins abondantes, suivant que les troupeaux augmentent par les naissances ou diminuent par la vente ou par la mortalité.

Ainsi, au titre Hokor, Zekkat, Achour et Lezma, pas d'impôt foncier, pas de centimes additionnels au principal, du moins au profit des budgets provinciaux, conséquemment pas de participation à la formation de ces budgets.

Pour comble d'évidence, il y a des *centimes additionnels* perçus sur le Hokor, le Zekkat, l'Achour et la Lezma, mais à titre d'impôts municipaux affectés aux besoins des tribus. Pas un centime de ces centimes additionnels n'est attribué, comme ils le sont en France, aux provinces ou aux départements.

Le principal de ces quatre contributions directes, dû à

l'Etat, est versé au Trésor public ; les centimes additionnels au principal, considérés comme impôts municipaux, sont versés dans une caisse spéciale à la disposition des besoins communaux.

Si, du principal, une part est affectée aux budgets provinciaux, c'est par une pure libéralité de l'Etat, par mesure d'*ordre* et non en vertu d'un *principe*.

Il en est de même de l'octroi de mer, impôt municipal des communes européennes de plein exercice, dont un cinquième, aussi par mesure d'ordre et contrairement à tous les principes financiers, est attribué aux recettes provinciales, provisoirement et en raison de la charge municipale de l'assistance publique que supportent les provinces.

Avant l'institution des administrations jumelles des provinces et des départements, ainsi que des conseils généraux, l'Etat percevait ce cinquième de l'octroi de mer — pour faire face aux dépenses d'hospitalisation — comme il encaissait la totalité du Hokor, du Zekkat, de l'Achour et de la Lezma. Il a convenu à l'Etat de mettre les frais d'hospitalisation à la charge des provinces; alors il a restitué aux budgets provinciaux la recette correspondant à cette charge. Egalement, il a convenu à l'Etat de se décharger sur les administrations provinciales d'une foule d'autres de ses attributions antérieures dont les dépenses étaient couvertes par les recettes coloniales; alors il a abandonné comme recettes correspondant à ces charges une part de ses revenus: impôts dits arabes, amendes et taxes diverses.

Qui oserait dire que les amendes, tant judiciaires qu'administratives et autres frappées sur les indigènes comme sur les Européens, ne soient pas une recette de l'Etat, quoiqu'elles fassent partie des ressources mises à la disposition des conseils généraux? Les amendes appartiennent au souverain, au nom duquel la justice est rendue, comme le travail des forçats, comme le sang des suppliciés, et le souverain, dispensateur de la fortune publique, peut très bien, dans la limite de ses droits constitutionnels, en faire telle affectation à la convenance des services publics, sans que qui que ce soit, Arabes ou bureaux arabes, aient à s'en prévaloir en aucune manière. Ainsi, les amendes, comme les cinq dixièmes de l'impôt dit arabe, ne représentent pas une contribution directe des indigènes aux budgets provinciaux.

Que reste-t-il alors de la prétendue unique source réputée

alimenter ces budgets? Nous l'avons dit : une misère !
68,093 francs et rien de plus.

IV

Mais pendant que nous faisons ici de grands efforts — peut-
être vains — pour dégager la vérité, qu'on a rendue confuse
à dessein, de l'erreur que les bureaux arabes et avec eux le
gouvernement affirme avec un courage digne d'un meilleur
sort, la vraie vérité s'affirme d'une voix éclatante au sein des
conseils généraux de l'Algérie par la décroissance constante
de l'impôt arabe.

On en peut juger par les produits de la province d'Oran
dont les chiffres sont connus jusqu'en 1868, grâces à une in-
discrétion qui a valu à son auteur, indépendamment d'un
blâme porté à la connaissance de toutes les administrations,
une suspension de deux mois, punition sévère, qui indique
jusqu'à quel point un gouvernement, dont la prétention est
de vivre « en pleine lumière », aime l'obscurité.

Voici ces chiffres :

Exercices	Zekkat	Achour
1863......	1,744,417 fr......	2,885,891 fr.
1864......	1,537,417.........	2,445,785
1865......	1,515,014.........:	1,338,728
1866......	1,479,334.........	1,074,679
1867......	1,586,268.........	588,717
1868......	688,200.........	—

Le chiffre de l'Achour, en 1868, n'est pas encore connu, cet
impôt n'étant mis en recouvrement qu'à l'automne, mais on
sait, par les ensemencements effectués, qu'il sera encore inférieur à celui de 1867, s'il n'est pas complétement nul.

Supposons le même rendement qu'en 1867, le total de l'impôt arabe, pour 1868, s'élèverait dans la province d'Oran à
1,276,926 fr., dont moitié pour le budget de l'Etat et l'autre
moitié pour le budget provincial.

Or, ce dernier budget a eu à payer, en 1865, la somme de
2,170,069 fr. 76 c. et, en 1866, celle de 1,924,250 fr. 41 c. et il
aura à peu près les mêmes dépenses à couvrir en 1868. Comment y parviendra-t-on avec une dotation de 638,463 francs ?

La situation financière des deux autres provinces étant la
même, sauf de minimes différences, il y aura donc lieu, pour

l'Etat, de demander à d'autres impôts algériens les éléments de sa dotation, puisqu'une dotation est encore nécessaire.

Pour en finir avec une situation de plus en plus précaire, impossible même, les colons demandent, et avec raison, que l'Etat garde pour lui seul les impôts arabes, toujours en voie de décroissance, et qu'il constitue sa dotation provinciale avec les impôts exclusivement perçus sur les Européens : patentes, licences, enregistrement, timbre, rentes sur les concessions, dont le produit est continuellement progressif. Alors les bureaux arabes et, d'après eux, M. le ministre d'Etat et le *Constitutionnel* n'auront plus aucune apparence de raison pour prétendre que « l'impôt arabe alimente seul les budgets provinciaux ; » alors, quand les colons réclameront l'élection des conseils généraux, on ne pourra plus ni les accuser de de vouloir « s'emparer de budgets qu'ils n'alimentent pas » ni repousser leur demande, sous le prétexte — contraire à la vérité — qu'ils « ne supportent pas les charges correspondant au droit qu'ils revendiquent. »

Ce que nous réclamons aujourd'hui, après les leçons de l'expérience, après la preuve acquise que la dotation des budgets provinciaux par l'Etat, au moyen d'une partie de l'impôt arabe, se tourne en argument contre les justes revendications des colons français, le décret de 1858, constitutif des conseils généraux, aurait pu le prescrire dès l'origine. Quelle eût été alors la situation ? Les indigènes n'auraient pas payé un centime de moins, mais tout leur argent fût resté dans les caisses de l'Etat ! Les Européens n'eussent pas payé un centime de plus, mais une partie de leur argent eût alimenté les budgets provinciaux !

Qu'aurait à objecter le *Constitutionnel* contre un tel changement et ses conséquences ?

Le fonds des choses resterait le même ; la distribution seule serait différente. Pour les administrations locales et les conseils généraux, la situation serait tout autre, car aujourd'hui, généraux, préfets, conseillers, sont aux abois et ne savent de quel bois faire flèche. On va en juger.

Dans la province d'Alger, le préfet, en son rapport au conseil général, constate la pénurie des ressources.

« Il ne serait pas juste, dit-il, d'imputer à la province les conséquences d'une situation qu'il ne dépend pas de la volonté du conseil général d'améliorer par *le vote de centimes additionnels à un principal qui n'existe pas.*

» Depuis 1866, ajoute-t-il, tous les travaux neufs entrepris sur les routes provinciales, sur les chemins de grande communication ainsi que sur ceux d'utilité générale, ont été et sont encore exécutés au moyen de *fonds de subvention*. »

Nonobstant ces fonds de subvention fournis sur l'emprunt de 100 millions contracté par l'Etat à la *Société générale algérienne*, les déficits du budget de la province s'élèvent, en 1867, à 595,253 francs et, en 1868, à 466,296 francs.

En présence de ces déficits, l'Etat,— toujours l'Etat,— a fait abandon aux trois provinces d'un nouveau dixième sur l'impôt arabe, soit six dixièmes au lieu de cinq, et cependant le préfet d'Alger est obligé de dire à son conseil général ce qui suit :

« Messieurs,

» Dans mon exposé général sur la situation, j'ai dû commencer par le *pénible aveu* que la province était impuissante, avec ses ressources actuelles, à satisfaire à ses besoins les plus urgents, les plus impérieux. En dehors de la subvention qui nous est allouée par l'Etat sur les fonds de la *Société générale algérienne*, nous ne pouvons consacrer aucun crédit pour nos travaux ; chaque année nous sommes forcés d'ajourner des dépenses reconnues indispensables, ce qui ne nous empêche pas, chaque année, de voir nos déficits s'accroître dans une proportion qui serait inquiétante si nous n'y apportions pas un remède prompt et énergique.

» Ce remède, le gouvernement espérait l'avoir trouvé dans le généreux abandon qui nous a été fait par l'Etat d'un nouveau dixième de l'impôt arabe. C'est là, sans doute, un supplément précieux de ressources dont nous devons remercier le gouvernement. Mais, quand on approfondit la situation, on est malheureusement forcé de constater que ce supplément ne suffit pas à combler nos déficits.

» Dans cette situation que pouvons-nous faire ?

» Demander au fonds commun des trois provinces une part plus considérable. La province d'Alger absorbe à elle seule plus de la moitié de ce fonds commun.

Solliciter de l'Etat des allocations, un secours nouveau. L'Etat qui nous abandonne six dixièmes de l'impôt arabe, et une large part dans les fonds provenant de la *Société générale algérienne*, ne peut nous venir en aide que dans la proportion de ses ressources, et ses ressources sont bornées.

» En présence de ces impossibilités, il ne nous reste plus qu'à demander un *nouveau* sacrifice aux contribuables.

» Toutes les communes consultées par moi, celle d'Alger notamment, désireuses d'accroître leurs ressources insuffisantes, sollicitent l'établissement de nouvelles taxes et de surtaxes à l'octroi de mer.

» La province, en atténuation de ses dépenses hospitalières, touche un cinquième de cet octroi.

» Cet impôt a l'avantage d'être général et d'une perception plus facile ; il ne présente pas de non valeurs, les frais de perception sont de 8 p. 0/0.

» Il importe, dans l'intérêt des communes comme dans celui de la province, de rechercher s'il ne pourrait pas produire davantage, sans surcharger d'une manière sensible les contribuables, sans compromettre en rien les intérêts généraux de la colonie.

» C'est dans ce but, Messieurs, que je vous ai fait la proposition dont M. le rapporteur vient de vous donner lecture.

» L'octroi de mer étant un impôt municipal, le Conseil général, il est vrai, n'a pas à voter cet impôt. Cependant, comme un cinquième des produits est attribué à la province, la question intéresse évidemment le conseil.

» Je vous propose donc d'exprimer votre avis sur les taxes et surtaxes indiquées dans mon rapport. »

Ces taxes et surtaxes embrassent les articles suivants :

1° Huiles végétales	5	fr. les 100 kilos	
2° Huiles minérales	5	—	
3° Fruits de table frais	2	—	
4° Fruits secs ou tapés	2	—	
5° Bouteilles vides	2	— bouteilles	
6° Peaux préparées et ouvrages en peaux..	3	pour cent	
7° Tissus de coton	3	—	
8° Tissus delaine	4	—	
9° Tissus de lin, de chanvre, etc	5	—	
10° Tissus de soie	5	—	
11° Sucreries, fruits confits	10	fr. les 100 kil.	
12° Sirops et caramels	10	—	
13° Pâtisseries de petit four	10	—	
14° Pains d'épices	5	—	
15° Tabacs en feuille	10	—	
16° Tabacs fabriqués	10	—	
17° Bières, cidres et hydromels	5	fr. l'hectolitre	
18° Vins de liqueurs en fûts	4	—	
— en bouteilles	11	—	
19° Eaux-de-vie de toutes sortes et liqueurs..	20	—	

Sur la proposition de la commission du budget, et malgré l'avis contraire du préfet, le conseil ajoute les *esprits* à l'article 19.

D'après les calculs du préfet, les taxes et surtaxes qui précèdent doivent produire, sans les esprits, 1,074,000 francs ; la commission du budget ne trouve pas que ce soit suffisant et prend l'initiative, préjugeant l'avis des communes, de proposer les taxes et surtaxes suivantes :

1° Bois de construction de toute espèce	3	pour cent
2° Métaux de toute espèce bruts et non ouvrés...	3	—

3° Autres matériaux de construction, tels que
pierres de taille, chaux, ciment, pouzzolane,
briques, tuilés........................... 3 pour cent
4° Cristaux et porcelaines...................... 3 —
5° Bimbeloterie et jouets d'enfants............. 10 —

Malgré l'avis contraire du préfet, qui fait remarquer que
l'octroi de mer étant une contribution municipale il ne doit
frapper que les objets de consommation, le conseil général,
sur l'avis favorable du général commandant la province, vote
les susdits articles, moins l'article 2, qui est rejeté à une voix
de majorité.

Ainsi voilà un général et un préfet qui, pour faire face à
une situation en déficit, proposent, et un conseil général
qui, sans y être autorisé par une loi, sans le consentement
des communes du département, pour une partie des taxes,
vote des impôts nouveaux, dont le caractère est triple : impôts municipaux pour le fonds, impôts provinciaux pour une
partie déléguée, impôts d'Etat par les produits qu'ils atteignent, par la part que la douane prend à sa perception, par
les traités internationaux qui lient le gouvernement métropolitain avec les pays étrangers.

Pareille anomalie ne pouvait se voir qu'en Algérie et sous
un gouvernement de régime exceptionnel entre tous les ré-
gimes exceptionnels.

Le général, le préfet et les conseillers généraux de la province d'Alger n'avaient donc pas présents à la mémoire, ni la
discussion de la loi de douane du 17 juillet 1867 sur le régime commercial de l'Algérie, ni les amendements qui
y ont été proposés, notamment celui défendu par M. Pagezy
au sujet de l'octroi municipal de mer, ni le décret imperial
du 16 octobre 1867 sur le cabotage algérien, dont on paralyse
le développement pendant cinq années ?

Constatons-le, avec le procès-verbal de la délibération du
conseil : c'est le discours de M. Rouher, — par ses affirmations
contraires à la vérité, en ce qui concerne le concours des Européens à la formation des budgets provinciaux qui, — a mo-
tivé la résolution du conseil.

« Un autre membre, dit le procès-verbal de la séance du 7 octobre,
déclare qu'il considère, *lui aussi*, cette question comme QUESTION
POLITIQUE, et c'est pour cela qu'il votera les taxes.

» Tous les jours, on nous reproche, en France, que la *colonisation
est affranchie de toutes charges*. Il nous appartient de prouver combien cette ASSERTION est INEXACTE, *en offrant de nous imposer
nous-mêmes.* »

Ceci est très catégorique.

On a voté des impôts, sans même poser la question légale, d'abord parce qu'il y a impérieuse nécessité de pourvoir à des besoins qui ne sont pas satisfaits, ensuite parce qu'il y a opportunité politique de prouver à la France que l'assertion qui présente les colons comme des parasites des Arabes est inexacte.

Heureusement, le vote du conseil général d'Alger a besoin d'être sanctionné par un décret impérial, et ni le conseil d'Etat, ni l'Empereur ne ratifieront une usurpation des pouvoirs du Corps législatif en matière d'impôts. D'ailleurs les traités internationaux doivent s'opposer à ce qu'il soit donné suite à l'expédient proposé à Alger.

Maintenant, cédons la parole au préfet d'Oran, qui nous fera connaître la situation de l'administration de cette province :

« Messieurs, dit le préfet, dans la séance d'ouverture du conseil, le 5 octobre 1868.

» Le Conseil général se trouve, cette année, en présence d'une situation budgétaire sans précédents.

» Voilà la quatrième année que le compte administratif soumis à votre examen se solde par un excédant de dépenses sur les recettes, léguant à l'exercice qui suit un déficit qu'il faut, avant tout, retrancher de nos recettes prévisionnelles; et chaque année, tandis que nos besoins augmentent, ce déficit devient plus considérable.

» Ainsi, en 1864, il n'était que de........... 23.381 fr. 91 c.
   en 1865, il s'élevait à.............. 498.290 68
   en 1866, il dépassait.............. 521.000 »
   en 1867, il a atteint le chiffre de.. 976.180 49

» Cette situation a nécessité, au dernier moment, un remaniement complet de nos propositions budgétaires pour arriver à une réduction importante dans le chiffre des dépenses que vous êtes appelés à voter.

» Après une première étude des besoins à satisfaire, et tout en restant cependant au-dessous des propositions présentées par les services compétents, notre projet de budget s'élevait, pour les dépenses, *déduction faite de celles auxquelles il est pourvu par des allocations spéciales, comme les opérations cadastrales et les travaux de route dotés sur l'emprunt des cent millions*, à la somme de.. 1.826.409 fr. 51 c.

et nos évaluations de recettes, après le prélèvement des 976.180 fr. 49 c., représentant le découvert de l'exercice 1867, n'atteignaient que le chiffre de........................... 662.409 51

» Ce budget se soldait donc par un déficit de.. 1.164.000 fr. » c.

» Cette situation tient, d'une part, à la diminution considérable qui a affecté, en 1867, le recouvrement de l'impôt arabe, conséquence malheureusement inévitable, POUR PLUSIEURS ANNÉES ENCORE, d'une série de mauvaises récoltes; et, d'autre part, à l'augmentation qu'il était rationnel de prévoir dans les charges, toujours croissantes, de l'assistance publique, et dans les frais que réclament, soit l'entretien des voies de communication, soit l'achèvement ou la continuation des parties des routes et des chemins qui restent à compléter

» En dehors de ces augmentations, s'élevant à 281,000 fr. (54,000 fr. pour l'assistance publique et 227,000 fr. pour les routes), nos propositions pour l'ensemble des autres dépenses présentaient une économie d'une vingtaine de mille francs sur celles de l'exercice courant.

» Dans ces conditions, et dans la pensée qu'il serait possible à S. Exc. M. le gouverneur général, à qui cette situation embarrassée avait été signalée, de nous faciliter les moyens d'en sortir par l'attribution sur la réserve du fonds commun d'une subvention se rapprochant sensiblement, par son importance, de celle du déficit à combler, nous avions cru pouvoir arrêter ainsi nos propositions.

» Mais la part attribuée à la province dans le fonds commun des budgets provinciaux a été fixée, depuis, à 600,000 fr., dont 130,000 fr. spécialement affectés aux travaux du cadastre.

» *Il restait donc 470,000 fr. pour parer à une insuffisance de* 1,164,000 fr.

» De nouveau, l'attention de M. le gouverneur général a été appelée sur la difficulté de la situation ; mais S. Exc. a répondu qu'elle regrettait de ne pouvoir augmenter cette subvention.

» Il a donc fallu rechercher les moyens d'équilibrer notre projet de budget, et comme il était inutile de songer à élever les prévisions des recettes, *déjà évaluées à un chiffre supérieur*, JE LE CRAINS, à celui qu'elles atteindront sans doute, nous avons dû ramener nos dépenses de......... .... 1.826.409 fr. 51 c.
à... 1.132.409 51

c'est-à-dire, les réduire de.................... 694.000 fr. »» c.
et en définitive, Messieurs, alors que les besoins augmentent, vous présenter un projet de budget inférieur de 439,000 fr., à celui déjà bien restreint de l'exercice courant qui est de 1,561,000 fr.

» Ce simple rapprochement donne une idée des proportions dans lesquelles nos moyens d'action se trouvent affaiblis.

» Nous nous sommes donc mis à l'œuvre, passant en revue chaque article du budget, pour lui faire supporter sa part, quelque minime qu'elle pût être, dans la réduction qui nous était imposée, et c'est le résultat de ce travail que nous allons soumettre au conseil, comme corollaire indispensable du rapport dans lequel se trouvent développées nos premières propositions. »

Au moins, dans la province d'Oran, général, préfet et conseil général acceptent, et pour des motifs très sérieux, la situation telle qu'elle est, sauf à laisser tous les services en souffrance, et ne proposent pas, comme à Alger, d'opposer l'impossible à l'impossible. Général, préfet et conseil général comprennent que le gouvernement estimera qu'une impasse est une impasse.

La situation dans la province de Constantine est moins mauvaise, parce que ses ressources ordinaires, depuis longtemps, sont en rapport avec ses dépenses nécessaires et aussi parce que les recettes réelles de 1867 ne laissent sur les prévisions qu'un déficit de 331,077 fr. et sur les droits constatés qu'une différence de 483,983 fr., *à peu près irrécouvrables*, d'après l'opinion du préfet, à raison de la misère des contribuables indigènes.

La délégation par l'Etat d'un nouveau dixième sur l'impôt arabe et une subvention assez large sur le subside de 100 millions de la *Société générale algérienne* permettent à l'administration provinciale de Constantine, en restreignant ses dépenses, de faire face à ses besoins les plus impérieux.

Profitons, pendant que nous sommes dans une province qui n'est pas aux abois comme les autres, profitons-en pour faire remarquer combien la création des administrations provinciales — progrès réel dans la voie de l'assimilation avec la France — a été nuisible au développement général de la colonisation, parce qu'on a doté ces administrations provinciales de ressources insuffisantes, précaires et subordonnées à la prospérité ou à la misère de l'indigénat.

En 1853, une Société suisse était en instance auprès du gouvernement français pour obtenir une concession importante de terres en Algérie à l'effet d'y installer des colons que les discordes religieuses engageaient à émigrer.

On leur désigne, dans la province de Constantine, le plateau de Sétif, situé par 1,000 mètres d'altitude au-dessus du niveau de la mer, comme étant la contrée de l'Algérie la plus apte, à raison de son climat, à recevoir des colons des régions élevées de la Suisse.

Après examen des lieux, au printemps de 1853, les fondateurs de cette Société reconnaissent que, sans une route de Sétif à Bougie, port naturel des futures colonies suisses, l'entreprise ne pourrait réussir et ils demandent que cette route soit exécutée.

A la date du 16 août 1853, le ministre de la guerre, maréchal de Saint-Arnaud, leur répond :

« Vous considérez comme tout à fait *indispensable* d'améliorer la route de Sétif à Bougie qui, lors de votre passage au mois de mai dernier, était encore impraticable aux voitures sur une partie de son parcours. J'ai déjà appelé, *sur ce point important*, l'attention de M. le gouverneur général et *des mesures vont être prises pour hâter la mise en état de viabilité de cette route.*»

Cet engagement, annexé à l'acte constitutif de la Société, détermina la signature de cet acte le 22 septembre, c'est-à-dire un mois après l'arrivée à Genève de la dépêche ministérielle.

Sans aucun doute, le ministre de la guerre, qui disposait alors en souverain du budget de l'Algérie, eût fait honneur à cet engagement, dans la limite de ses ressources budgétaires; mais le 27 octobre 1858 paraissait un décret impérial qui créait l'administration provinciale en Algérie et la chargeait, moyennant une certaine dotation de recettes, de pourvoir à une foule de dépenses et notamment à la création des routes provinciales, parmi lesquelles la route de Sétif à Bougie devait être classée.

La création de cette route devait coûter quatre millions, et la province, avec les recettes que nous connaissons, était chargée de l'exécuter. On ne sera donc pas étonné d'apprendre qu'aujourd'hui, quinze ans après l'engagement pris par M. le maréchal de Saint-Arnaud, elle n'est pas encore ouverte à la circulation. Ajoutons que, sans les subventions que l'Etat accorde aux budgets provinciaux sur l'emprunt contracté avec la *Société générale algérienne*, cette route ne serait pas terminée avant dix ans.

Cependant, la Compagnie génevoise avait pris possession des terres qui lui étaient concédées et, aux termes de son cahier des charges, elle y avait construit, pour y recevoir des colons, 247 maisons d'habitation, 5 grands bâtiments de ferme, 1 moulin et 1 maison de ville.

Aux termes du même cahier des charges, toutes ces habitations reçurent des colons, mais, faute de la route par laquelle on pouvait trouver un prix rémunérateur des produits, il n'y avait plus, au 31 décembre 1865, dans les colonies que 396 Européens, et la Compagnie avait été forcée de louer ses terres à 2,648 indigènes.

Nous citons cet exemple parce que la Compagnie génevoise est très sérieuse, parce qu'on avait fondé de grandes espérances sur sa coopération, parce que l'histoire de ses mécomptes est celle de tous les colons, depuis qu'on a chargé les communes, les départements, les provinces de pourvoir à TOUT avec RIEN.

Dans la suite de ce travail, nous aurons, à propos de la

population européenne de l'arrondissement de Sétif, l'occasion de rappeler ces faits et c'est là la principale considération qui nous ait engagé à les consigner ici.

Concluons:
Peut-on réellement donner le nom d'administration départementale ou provinciale au gâchis que nous venons de constater? Certainement non. Eh bien! sauf les administrations municipales de plein exercice, c'est peut-être ce qu'il y a de moins anormal dans l'administration générale de l'Algérie et si nous pouvons sonder cette plaie, c'est grâce à l'intelligence éclairée du prince Napoléon qui a créé l'obligation de rendre des comptes aux conseils généraux. Autrement, nous ne saurions pas plus ce qui se passe là qu'ailleurs. Tout serait réputé aller comme sur des roulettes, jusqu'à ce qu'une catastrophe arrive, comme pour la famine et la mortalité chez les indigènes qui ont été dissimulées, niées, jusqu'à ce que la conscience alarmée du digne archevêque d'Alger ait fait connaître au monde entier la vérité atténuée.

Peut-on, demanderons-nous encore et au *Constitutionnel* lui-même, soutenir que l'impôt arabe alimente seul les budgets provinciaux de l'Algérie, quand la nationalité arabe — celle dont il y a cinq ans on voulait créer un splendide royaume — s'effondre au point de n'avoir plus ni bétail ni cultures auxquels on puisse aujourd'hui demander un impôt?
La lumière se fera. Elle est déjà faite. Déjà, grâce à notre persistance à dégager le vrai du faux, on est forcé d'avouer que la part des impôts dits arabes attribuée aux conseils généraux A UN CARACTÈRE ESSENTIELLEMENT SUBVENTIONNEL; car elle n'est qu'une libéralité de l'Etat, qui pourrait demain, par un simple décret, être remplacée par une libéralité pareille, et dix fois plus assurée, sur les contributions payées par les colons.

COMMERCE

Importations et exportations

ÉCONOMIE POLITIQUE DES BUREAUX ARABES

Une simple remarque préalable: dans nos cinq lettres à M. Rouher, dont l'ensemble constitue une brochure de 114 pages, nous n'accordons au commerce que les lignes suivantes:

« Vous célébrez, M. le ministre, la progression croissante du commerce de l'Algérie depuis dix ans. Hélas! il croît moins vite encore que la population! Vous allez en juger par les chiffres suivants que nous relevons sur le *Tableau général du commerce français* (Résumé analytique) publié par l'administration de la douane française.

Période colonisatrice.				*Période anti-colonisatrice.*			
1855	—	235 millions	3	1861	—	242 millions	1
1856	—	217 —	9	1862	—	210 —	8
1857	—	188 —	8	1863	—	224 —	4
1858	—	193 —	8	1864	—	253 —	0
1859	—	237 —	8	1865	—	253 —	1
1860	—	270 —	1	1866	—	248 —	4
Total.....		1.343 millions	7	Total...		1.431 millions	8
Moyenne.		223 —	9	Moyenne		238 —	6

» Ainsi, tandis que la France voyait presque doubler son commerce sous l'influence de ce régime de liberté dont l'honneur vous appartient en grande partie, le commerce algérien n'a fait que languir à peu près au même niveau depuis six ans! Grâce au ministère spécial, qui raffermit l'élan de la colonisation, le niveau atteignit l'apogée de 270 millions; depuis que l'Algérie a été définie « un royaume arabe, une colonie européenne et un camp français, » le chiffre de 1866, bien inférieur à celui de 1860, est l'expression de la réaction anti-colonisatrice qui s'est produite sous l'influence du programme impérial. »

Nous n'avions pas plus à dire, la situation commerciale de l'Algérie n'étant pas en cause devant le Corps législatif. Nous avons donc lieu d'être étonnés que le *Constitutionnel*— qui néglige de répondre aux points fondamentaux de nos lettres — nous prenne à parti sur un détail accessoire.

Parlons donc commerce, puisqu'on nous y provoque et cédons la parole à notre contradicteur pour qu'il explique lui-même ce qu'il veut de nous.

« A l'appui de leur étrange assertion, qu'invoquent MM. Jules Duval et Warnier? Des chiffres dont ils n'ont pas jugé à propos d'étudier la signification véritable; et une comparaison toute arbitraire et toute de fantaisie de deux périodes qu'ils qualifient l'une de *colonisatrice*, l'autre d'*anti-colonisatrice*. La première s'étend de 1855 à 1860; la seconde de 1861 à 1866.

Or, les chiffres qu'ils ont empruntés au *Tableau général du commerce français*, que publie chaque année l'administration des douanes, infligent à leur raisonnement le démenti le plus net, lorsqu'au lieu de les grouper et de les présenter en bloc, comme ils le font, on prend la peine de les analyser.

Dans leur première période, en effet (1855-1860), le commerce général de l'Algérie s'est élevé à.................... 1.343.971.583

Total qui se décompose ainsi :

A l'importation.............	1.045.112.406
A l'exportation.............	298.859.177

Soit, pour une moyenne de six ans :

Importations...............	174.185.401
Exportations...............	49.809.863

Dans la seconde période, le commerce général a atteint 1,432,112,418 francs.

A l'importation.............	908.471.673
A l'exportation.............	443.640.745

Soit, pour une moyenne de six années :

A l'importation.............	164.745.279
A l'exportation.............	73.940.124

Ce qui donne comme différence :

	Importation.	Exportation.
1re période......................	1.045.112.405	298.859.177
2o —	988.471.673	443.640.745

Différence:

En plus.....................	56.640.733	»
En moins....................	»	144.781.574

D'où il suit que dans la deuxième période il a été *importé* en Algérie pour 56,640,733 francs *de moins*, et qu'il a été *exporté* d'Algérie pour 144,781,574 francs *de plus* que dans la première période.

MM. Duval et Warnier admettront sans doute, avec nous, que la richesse productive d'un pays, et d'un pays qui se consacre surtout aux travaux agricoles, se mesure par l'importance de ses exportations. L'augmentation qu'accuse le relevé analytique des douanes atteste donc un accroissement sensible dans la production.

La colonie ayant moins besoin de marchandises étrangères au fur et à mesure que sa propre production augmente, le chiffre des importations doit nécessairement décroître. C'est précisément ce qui a eu lieu dans la prétendue période *anti-colonisatrice.* »

Le *Constitutionnel* reconnaît l'exactitude de nos chiffres — ce qui est un point important, — mais il nous reproche de ne pas avoir distingué entre l'importation et l'exportation et nous accuse, faute de cette décomposition, « d'avoir tiré de chiffres exacts une conséquence tout à fait fausse. »

Constatons d'abord que, ne voulant pas apprécier la situation commerciale de l'Algérie dans ses rapports avec la situation générale du pays et voulant seulement opposer quelques chiffres à l'optimisme de M. le ministre d'Etat, nous n'avions pas besoin d'une décomposition inutile. Qu'importe, en effet, au commerce, que son chiffre d'affaires soit alimenté par telle source ou par telle autre; la seule chose dont il tienne compte, parce qu'elle se traduit pour lui en pertes ou en bénéfices, se résume en trois mots : *état stationnaire*, *progrès* ou *décroissance*. Nous connaissions, par la notoriété publique, les plaintes unanimes du commerce algérien, les chiffres de la douane confirmaient ces plaintes ; nous l'avons dit. On veut que nous abordions le débat contradictoire. Soit. De la discussion jaillit la lumière et nous espérons ne pas perdre notre temps en répondant à nos adversaires. Ceux qui ne connaissent pas l'Algérie — et dans ce nombre nous comprenons les rédacteurs ordinaires et extraordinaires du *Constitutionnel*, — apprendront quelle est la situation de ce pays depuis qu'on a voulu en faire un royaume arabe. — Du moins, nous en avons l'espérance.

I

Nos adversaires tiennent à ce que nous distinguions entre l'importation et l'exportation. Nous nous empressons de satisfaire à leur désir; nous irons même au delà de leurs exigences, en mettant sous leurs yeux le tableau général des importations et des exportations de l'Algérie depuis 1830, en l'accompagnant de celui de l'effectif de l'armée. Ce tableau est très instructif; il démontre mathématiquement, d'abord, que c'est le *Constitutionnel* qui « tire des chiffres une conséquence tout à fait fausse » et non pas nous, non pas les colons qui, hélas ! ont de bonnes raisons pour ne pas se tromper et, ensuite, que la politique du royaume arabe, celle de l'isolement des indigènes, est la plus fausse des erreurs qui ait pu entrer dans l'esprit de ceux qui gouvernent l'Algérie.

Voici ce tableau général :

| | EFFECTIF | COMMERCE GÉNÉRAL | |
| ANNÉES | de | IMPORTATIONS | EXPORTATIONS |
	L'ARMÉE	en Algérie.	de l'Algérie.
1830	37.000	5.000.000 fr.	1.500.000 fr.
1831	17.190	6.800.000 »	2.500.000 »
1832	21.511	13.000.000 »	1.400.000 »
1833	26.681	20.100.000 »	1.700.000 »
1834	29.858	12.200.000 »	3.100.000 »
1835	29.485	11.000.000 »	2.100.000 »
1836	29.897	13.700.000 »	2.500.000 »
1837	40.147	17.600.000 »	1.500.000 »
1838	48.167	25.300.000 »	1.700.000 »
1839	50.367	25.900.000 »	2.800.000 »
1840	61.231	31.700.000 »	2.500.000 »
1841	72.000	39.500.000 »	2.700.000 »
1842	70.853	44.900.000 »	3.300.000 »
1843	75.034	51.100.000 »	2.800.000 »
1844	82.087	76.600.000 »	2.300.000 »
1845	95.000	99.400.000 »	3.900.000 »
1846	100.814	106.700.000 »	3.800.000 »
1847	93.400	97.100.000 »	5.100.000 »
1848	87.704	82.500.000 »	3.400.000 »
1849	75.000	89.500.000 »	8.000.000 »
1850	70.700	87.900.000 »	6.700.000 »
1851	65.000	99.400.000 »	16.600.000 »
1852	72.950	104.500.000 »	18.300.000 »
1853	74.649	118.800.000 »	26.400.000 »
1854	65.882	118.700.000 »	35.500.000 »
1855	65.000	160.200.000 »	38.700.000 »
1856	74.702	143.200.000 »	35.800.000 »
1857	71.000	125.000.000 »	34.100.000 »
1858	69.521	132.100.000 »	34.800.000 »
1859	83.970	165.500.000 »	45.800.000 »
1860	65.455	194.700.000 »	49.000.000 »
1861	69.569	171.500.000 »	47.800.000 »
1862	62.306	178.200.000 »	40.200.000 »
1863	65.240	127.500.000 »	66.900.000 »
1864	84.165	136.500.000 »	108.000.000 »
1865	71.303	175.200.000 »	100.500.000 »
1866	64.854	179.100.000 »	92.700.000 »
Totaux.......		3.188.900.000 fr.	856.400.000 fr.

Total général : 4.044.500.000 fr.

Il y a des différences entre ce tableau, relevé des registres des douanes de l'Algérie, et les chiffres de notre première lettre à M. Rouher que nous avions pris dans le *Tableau général du commerce de la France* publié par le ministère des finances. Ces différences, sans importance au fond, tiennent, comme on le sait, à ce que les douanes, en Algérie et en France, n'opèrent pas d'après les mêmes bases ni comme mouvement matériel, ni comme valeur de marchandises.

Le relevé que nous publions ci-dessus est extrait du *Tableau de la situation des établissements français en Algérie* — (1865-1866), page 111, publication officielle comme celle du *Tableau général du commerce de la France*. Nous prenons pour guide la publication algérienne parce qu'elle est la seule qui donne le mouvement du commerce de l'Algérie depuis 1830.

Demandons-lui les enseignements particuliers et généraux dont elle abonde.

Sa décomposition en six périodes de six années chaque nous permet de constater si la dernière période — celle que le *Constitutionnel* trouve florissante — est stationnaire, en décadence ou en progrès.

Le point de départ, celui de 1830, donne un total de 6,500,000 fr., importations et exportations comprises, chiffre qui correspond à celui du commerce de l'ancienne régence d'Alger, avant 1830, d'après les registres des divers consulats, chiffre conforme au commerce actuel de la Tunisie et du Maroc, toute proportion gardée entre leurs populations et leurs superficies respectives. La différence entre 6,500,000 fr. et 271,000,000 fr., chiffre de 1866, est le résultat de la colonisation par une nation civilisée.

Le mouvement ascendant, depuis la conquête, importations et exportations réunies, donne, sur le chiffre de la période précédente, les augmentations suivantes :

Périodes.	*Augmentations progressives.*
de 1831 à 1836	83.600.000 fr.
de 1837 à 1842	109.300.000 »
de 1843 à 1848	335.300.000 »
de 1849 à 1854	395.600.000 »
de 1855 à 1860	426.600.000 »
de 1861 à 1866	363.200.000 »

D'après ces chiffres, d'une exactitude rigoureuse, le commerce algérien a été en progrès constant et régulier jusqu'en 1860, c'est-à-dire tant que la colonisation a progressé ; à partir de 1860, c'est-à-dire à dater de l'installation du régime militaire pur et du moment où l'école des bureaux arabes a proclamé « la colonisation un anachronisme politique et économique, » le développement normal du commerce s'est arrêté, a rétrogradé. Sa loi d'accroissement recule au niveau des périodes antérieures à la fin de la guerre, antérieures à la soumission d'Abd-el-Kader

Avions-nous raison ou tort — nous le demandons au *Constitutionnel* — d'opposer à la satisfaction de M. le ministre d'Etat, la triste réalité, non pas en comparant l'Algérie avec elle-même, — ce qui eût été écrasant — mais en nous bornant à constater que, pendant cette période de recul pour la colonie, le commerce de la France avait presque doublé ?

Il y a temps d'arrêt sur l'ensemble des importations et exportations, va nous répondre le *Constitutionnel*, mais il y a augmentation considérable sur les exportations. Donc, vous avez tort et j'ai raison, car « la richesse productive d'un pays, et d'un pays qui se consacre surtout aux travaux agricoles, se mesure par l'importance de ses exportations. »

Oui et non, répliquerons-nous à notre adversaire, parce qu'il y a des circonstances spéciales dont il faut tenir compte quand on veut donner à des chiffres leur signification vraie.

Oui, de 1830 à 1848, période de 18 années dans laquelle l'exportation peut difficilement s'élever au-dessus du chiffre annuel de 3 millions, le chiffre de l'exportation donne réellement la mesure de la production du pays. La colonisation, alors dans l'enfance, laisse exclusivement aux indigènes le soin d'alimenter le commerce de leurs produits ; alors, il n'y a pas de développement de richesse et le commerce d'exportation est stationnaire, comme avant 1830.

Oui encore, de 1849 à 1860, période de 12 années dans laquelle la colonisation joint ses produits à ceux des indigènes et surtout accroît la production de ces derniers par ses sollicitations, par ses exemples, par un contact que rien ne vient entraver ; alors le chiffre annuel des exportations indique la mesure d'un progrès réel, aussi s'élève-t-il régulièrement, successivement, de 3 milions à 49 millions. Là, il y a la preuve la plus éclatante du parti qu'une race supérieure peut tirer d'une race inférieure, quand rien ne vient entraver les bons rapports de l'initiateur avec l'initié.

Non, mille fois non, le chiffre des exportations n'a plus cette signification dans la dernière période de six années, entre 1861 et 1866, parce qu'alors l'augmentation des exportations est due à d'autres causes que le progrès.

En 1863, il y a dans le chiffre de l'exportation, un accroissement de 16,700,000 francs sur l'année précédente. Cela ne s'était jamais vu et bien que la récolte de 1863 ait été bonne, on ne peut lui attribuer exclusivement un progrès aussi rapide, attendu qu'une récolte ne livre ordinairement ses produits au commerce que dans le dernier trimestre, moins favorable aux exportations, à raison de l'état de la mer. Cet accroissement tient à ce que les indigènes ont reçu l'ordre de la Mekke d'avoir à se préparer à une prise d'armes, projetée dans tout l'islamisme contre la prépondérance et l'influence chrétienne et dont l'Algérie musulmane doit donner le signal. Des lettres d'Abd-el-Kader trouvées chez les insurgés de 1864, dans lesquelles l'ex-émir dissuadait ses anciens sujets de commettre cette folie, ne laissent aucun doute sur les ordres émanés à ce sujet des fanatiques de la Rome islamique. En même temps que les indigènes s'empressent de vendre tout ce qui peut être compromis dans une guerre, ils préludent à l'insurrection, dès l'automne de 1863, en incendiant les forêts de l'Etat, notamment les exploitations de chênes-liége.

Ainsi qu'il en avait été convenu en 1863, l'insurrection éclate à la fois, au printemps 1864, chez les Ouled-Sidi-Cheikh, chez les Flitta, dans le Hodna, dans les Babour; à Constantine, le général Desvaux découvre une conspiration à la tête de laquelle se trouve le grand chef Bou-Akkas-ben-Achour qu'on est obligé d'interner au château impérial de Pau. Concurremment, éclatait une insurrection générale de la Tunisie en vue d'obtenir la réforme d'une constitution rédigée, disait-on, au consulat général de France. Voilà la raison principale de l'augmentation de l'exportation en 1863.

En 1864, l'exportation déjà très considérable de l'année précédente est presque doublée. L'augmentation est de plus de 41 millions. Quelle est la signification de cette nouvelle anomalie ? On s'est battu au printemps et on recommence les hostilités à l'automne. Pour avoir des munitions de guerre, les insurgés vendent ce qui les gêne, et ceux qui ne s'insurgent pas, vendent aussi pour ne pas s'exposer à tout perdre dans une razzia. A toutes les époques, les militaires de l'Algérie ont considéré comme un signe certain d'hostilités prochaines la vente exagérée de certaines denrées.

En 1865, bien que la récolte soit mauvaise, l'exportation

reste encore au chiffre de 100 millions, par la raison bien simple qu'on se bat encore dans le Sahara et dans les Babour, et que la question de paix ou de guerre n'est pas résolue.

Par les mêmes raisons que dans les années précédentes, on conduit au marché ce qu'on ne veut pas exposer. Les incendies généraux de l'automne qui embrasent les trois provinces sont une nouvelle et significative protestation de la révolte impuissante.

En 1866, le *Constitutionnel* le constate lui-même : les sauterelles ravagent les récoltes qu'elles avaient déjà un peu entamées en 1865 et même en 1864; cependant l'exportation atteint encore le chiffre élevé de 92,700,000 fr. C'est qu'on est forcé de vendre le bétail pour acheter le pain qui manque.

L'année 1867, tout le monde le sait, fut très mauvaise : les Arabes avaient semé le feu en 1865, ils récoltèrent la sécheresse; ils avaient été ou malveillants ou imprévoyants en vendant, depuis plusieurs années, leurs grains et leurs bestiaux, ils récoltèrent et ils récoltent encore le fruit de leur malveillance ou de leur imprévoyance, c'est-à-dire la famine et la mort.

On peut juger de ce qui a été chez les Arabes la fureur de vendre par les chiffres suivants :

De 1861 à 1866, les exportations de céréales de l'Algérie s'élèvent à 3,733,679 quintaux métriques, dont 1,247,633 dans l'année insurrectionnelle de 1864.

De 1863 à 1866, en quatre années, on a exporté 730,565 têtes de bétail. Si on y ajoute ce qui a été consommé en viande par les colons, on verra que les indigènes ont été aussi insensés avec leur bétail qu'avec leurs céréales : ils ont vendu, non pas seulement leur croît annuel ou leur vieux bétail, mais leur capital même de production et de reproduction: conduite folle de gens qui courent à la ruine ou à la guerre.

En 1863, dans l'année qui a précédé l'insurrection des Ouled-Sidi-Cheikh et des Flitta, les indigènes de la province d'Oran ont payé 1,744,417 fr. d'impôts pour leurs troupeaux et, en 1868, la modeste somme de 688,209 fr., ce qui indique qu'il y a diminution des deux tiers, l'impôt par tête étant resté le même.

Voilà la raison vraie des gros chiffres d'exportation de 1863 à 1866 et ce qu'ils ont valu au pays : la misère, la famine et la mort. Le *Constitutionnel* reste-t-il d'avis que, pour la période que nous avons appelée *anti-colonisatrice*,

que nous pouvons aussi nommer *période du royaume arabe*,
s'il l'aime mieux, « la richesse productive d'un pays se
mesure par l'importance de ses exportations ? »

Ce surcroît d'exportation est dû, d'abord à une pensée de
résistance armée contre notre domination, puis aux pertes
qu'il a fallu réparer à la suite d'une tentative malheureuse,
enfin à la cruelle nécessité de vendre le bétail pour acheter
du pain, faute de pouvoir battre monnaie autrement, faute
surtout de pouvoir vendre des terres qu'on s'est efforcé de
rendre inaliénables.

Si nous défalquons de ces gros chiffres d'exportation ce
qui est anormal, ce qui est imputable à de mauvaises pas-
sions ou à l'impérieuse nécessité, et qui ne doit pas entrer
en ligne de compte, il reste pour la dernière période un
chiffre d'affaires très modeste et dont le commerce se plaint
avec juste raison.

II

Arrivons aux importations.

Le *Constitutionnel* reconnaît qu'elles sont moindres de
86 millions 640,733 fr., dans la dernière période — c'est déjà
un chiffre important, surtout pour les manufactures de France
qui fabriquent la presque totalité des articles que l'Algérie
consomme. Après avoir attribué, comme nous l'avons vu
précédemment, la diminution des importations à un accroissement de production, notre contradicteur signale une autre
cause.

« Mais une autre circonstance, ajoute le *Constitutionnel*, est venue
s'y joindre, qui a exercé à son tour une influence sur le chiffre des
importations. Cette circonstance, la voici : Une partie des approvisionnements de l'armée d'Afrique est expédiée de nos ports de
France ; MM. Duval et Warnier ne l'ignorent point. Lorsque l'effectif de nos troupés diminue, n'est-il pas naturel de voir diminuer
aussi l'importance des denrées et des marchandises importées pour
leur usage ? Est-ce que cette réduction d'effectif n'affaiblit pas, dans
une proportion notable, le nombre des consommateurs de produits
européens ?

» Or, dans la première période (1855 à 1860), la moyenne de l'effectif des troupes a été de 79,035 hommes. Cette moyenne s'est abais-
sée dans la seconde période. Elle n'a plus été que de 67,365. C'est
environ 12,000 officiers et soldats, c'est-à-dire 12,000 consommateurs
de moins. La décroissance des importations, qui provient en partie
d'un fait accidentel et en p   e amélioration économique, ne
témoigne donc pas d'un temps d'arrêt ans le mouvement des af-

faires. Loin de là, elle prouve que le travail se développe, que les ressources de la colonie s'étendent. »

Nous savons déjà à quoi nous en tenir sur l'augmentation de la production rendant l'importation moins nécessaire. Pour les articles de consommation des colons, tels que les vins, les alcools, les poissons secs, les huiles, les fruits, cela est vrai dans une certaine limite; mais pour les articles à l'usage des indigènes, presque tous objets fabriqués, c'est faux, car on ne fabrique encore rien en Algérie. D'ailleurs la diminution des importations ne porte que sur deux années : 1863, pendant laquelle les indigènes se préparent à la guerre, et 1864, année dans laquelle il y a des tentatives d'insurrection générale. En de telles conditions on vend pour avoir de l'argent disponible et avec cet argent on achète des armes et des munitions, ou aux contrebandiers, qui viennent avec leurs bâtiments établir des marchés sur la côte, ou aux caravanes qui les introduisent par les frontières de Tunis et du Maroc.

Au-dessus de tous ces détails, plane une loi que ne saurait nier l'éminent économiste qui rédige le *Constitutionnel* : c'est que tout pays qui prospère développe à la fois, bien que la proportion puisse être inégale, ses importations et ses exportations. Les marchandises, il le sait, se payent en marchandises; les sorties répondent à des entrées ; on ne peut beaucoup vendre (*exporter*), sans acheter (*importer*) beaucoup. Importation et exportation, entrées et sorties, achat et vente, sont les deux plateaux de la balance économique, oscillant entre d'étroites limites. Quand le niveau est violemment rompu, soit d'un côté, soit de l'autre, c'est le signe d'une perturbation nuisible. Tel est le cas de l'Algérie depuis six ans.

C'est bien à tort que le *Constitutionnel* s'imagine que ce pays, à titre de colonie agricole, échappe à cette loi. Toute colonie naissante mesure, au contraire, sa croissance à l'accroissement de ses importations, non moins que de ses exportations. En effet, pour peu qu'elle prospère, sa population s'accroît rapidement, et avec elle les besoins personnels de nourriture, de vêtement, ameublement, logement, éducation, jouissances intellectuelles, etc..... En même temps, elle développe ses cultures; et de là besoin de semences, de bestiaux, de végétaux, d'instruments, de machines, de constructructions, etc..... Elle développe son industrie, et de là besoin de matières premières, et aussi d'outillage mécanique, de substances diverses, etc..... Elle développe son commerce, et de là besoin de véhicules, de navires, d'agrès, de provisions, etc..... L'action manifeste de cette loi économique sur l'importation est une des causes qui ont poussé les métropoles à fonder des colonies : il n'est pas de meilleur débouché.

La simple stagnation de l'importation algérienne serait déjà un mauvais signe. Sa réduction est un symptôme accablant d'évidence. De 1860 à 1866, elle est tombée de 194 millions à 179 millions ; pendant ce temps l'importation de la France montait de 2,393 millions à 3,845 millions ; plus de moitié en sus ! Et cependant les épreuves n'ont pas manqué à notre patrie !

Veut-on une preuve décisive que tel est bien le sens fatal de l'inégalité dont se réjouit le *Constitutionnel ?* En faut-il d'autre que l'extrême misère des indigènes et la gêne des Européens ? Si le pays avait fait de si brillantes affaires qu'il eût pu vendre beaucoup plus et acheter beaucoup moins que dans les années antérieures, il serait plus content et plus aisé aujourd'hui qu'autrefois. Qui oserait le soutenir en présence de l'impôt arabe décroissant à vue d'œil ? De toute certitude, le commerce algérien a moins importé, parce qu'il avait moins de besoins à satisfaire, plus de risques à courir, plus de pertes à subir.

Quant à l'influence de l'effectif militaire sur le développement de l'importation, sans la nier d'une manière absolue, nous avouons, surtout en étudiant avec soin le tableau comparatif qui précède, ne pas saisir les rapports confirmatifs de l'affirmation du *Constitutionnel.* Ainsi par exemple, en 1864, avec un effectif de 84,165 consommateurs militaires, l'importation n'est que de 136,500,000 fr., tandis qu'en 1862, avec un effectif de 62,306 hommes, elle est 178,200,000 francs. 21,859 militaires en moins et une importation de 41 millions 700,000 fr. en plus nous paraissent peu justifier la solidarité admise par nos adversaires.

Mais, dans le différend entre le *Constitutionnel* et nous, il importe peu de rechercher la loi de l'influence réciproque de l'effectif sur l'importation, car nous croyons que le *Constitutionnel* a commis une erreur de calcul en attribuant à la période de 1855 à 1860, un effectif moyen supérieur de 12,000 à celui de la période de 1861 à 1866. Nous ne trouvons qu'une moyenne de 1,835 hommes en plus, au lieu de 12,000 et encore pour trouver cet excédant moyen, sommes-nous obligés de ne pas défalquer du nombre des consommateurs militaires attribués à l'Algérie, les nombreux contingens que l'armée d'Afrique a fournis, pendant la première période, à l'armée d'Italie et aux corps expéditionnaires de Chine, de Cochinchine, de Syrie et du Sénégal, tandis que, dans la seconde période, les détachements au Mexique sont seuls distraits de l'effectif algérien.

Voici, d'après le *Tableau de la situation des établissements français en Algérie*, de 1858 à 1861, page 11, le nombre des détachements fournis par l'armée d'Afrique :

« *En Italie* — 3ᵉ, 9ᵉ, 23ᵉ, 41ᵉ, 45ᵉ, 56ᵉ, 65ᵉ, 70ᵉ, 71ᵉ, 72ᵉ, 75ᵉ, 89ᵉ, 90ᵉ, 93ᵉ, 99ᵉ, de ligne ; — 8ᵉ, 11ᵉ, 13ᵉ, bataillons de chasseurs ; — 1ᵉʳ, 2ᵉ, 3ᵉ zouaves — régiment de marche de tirailleurs algériens ; 1ᵉʳ et 2ᵉ étranger ; — 5ᵉ hussards ; 4ᵉ et 7ᵉ chasseurs de France ; — 1ᵉʳ, 2ᵉ et 3ᵉ chasseurs d'Afrique ; plus des détachements du génie de l'artillerie, etc.

« *En Chine et en Cochinchine.* — Un détachement des 2ᵉ chasseurs d'Afrique et 2ᵉ spahis, 1 bataillon de tirailleurs indigènes et une section d'artillerie.

» *En Syrie.* — 1 bataillon de zouaves, 3 escadrons de chasseurs et de spahis, 1 batterie d'artillerie et 3 compagnies du train.

» *Au Sénégal.* — 3 compagnies de tirailleurs, 1 détachement du train. »

Evidemment, le *Constitutionnel* n'a pas la prétention de considérer ces détachements dispersés aux quatre coins de l'univers comme des consommateurs algériens ; et, en raison de leur nombre et de leur importance, il nous permettra, nous l'espérons, de considérer la différence qu'il signale, entre une période et l'autre, comme n'existant pas, et son observation relative à l'influence de l'effectif sur l'importation comme nulle et non avenue.

Alors que reste-t-il de l'article du *Constitutionnel* du 27 septembre ? Quelques gros mots sur les erreurs et les étranges assertions dont MM. Jules Duval et Warnier se sont rendus coupables ; la preuve que nos adversaires sont probablement plus forts en tactique qu'en économie politique ; mais, de plus, — et c'est là, pour nous, le point auquel nous attachons le plus d'importance,—la question algérienne posée sur le terrain économique. Restons sur ce terrain puisqu'on nous y a appelés.

III

De 1851 à 1866, en seize années, les exportations de l'Algérie se sont élevées à 791 millions, soit en moyenne, 49 millions 1/2 par an.

En ces seize années, la moyenne de la population européenne de l'Algérie a été de 173,000 âmes; celle de la population indigène musulmane n'a jamais été inférieure aux chiffres fournis par le recensement de 1866, soit : 2,652,024 âmes.

Les denrées exportées sont, en général, des matières premières produites par le sol, et les colons ne possèdent, en Algérie, que la centième partie des terres restées aux mains des indigènes: un demi million d'hectares contre cinquante millions utilisables.

Il y a donc très grande présomption que les indigènes aient bénéficié de la plus grosse part des 791 millions fournis par l'exportation.

De plus, de 1851 à 1866, il a été dépensé, en Algérie, sur les divers budgets : État, provinces et communes, la somme de 531,705,861 francs, non compris les dépenses de l'armée faites dans le pays pour la nourriture des hommes et des chevaux et qui doivent dépasser 30 millions pour les seize années; soit, pour l'ensemble des dépenses budgétaires 561 millions 705,861 fr.

Les indigènes ont encore bénéficié d'une part de ces dépenses, au moyen de fournitures de vivres, de chevaux, de bêtes de somme, de matériaux de construction, de main-d'œuvre, même de salaires, comme agents ou fonctionnaires des diverses administrations.

Il y a, enfin, le capital que les colons, en ces seize années, ont importé d'Europe en Algérie, capital considérable, et dont une part notable a été consacrée, soit à des achats aux indigènes: terres, troupeaux, chevaux, mulets, bœufs de labour, semences, vivres même ; soit à payer les services qu'ils ont pu rendre en transports, en main-d'œuvre pour les constructions, l'appropriation des terres, la levée des récoltes, qui exige toujours beaucoup de bras ; plus les travaux de domesticité.

Les exportations et les budgets, en ces seize années, donnent un total de 1,353,000,000 ; ce total certain, réuni au chiffre inconnu, mais très considérable, importé par les colons dépasse certainement DEUX MILLIARDS, s'il n'atteint pas deux milliards et demi : circulation énorme de capitaux dont le pays n'avait jamais joui à aucune époque.

Quand on calcule tout ce que les indigènes ont dû accumuler d'économies dans ces seize années, on se demande ce qu'est devenu l'argent qui a passé par leurs mains, car l'habitation sous la tente ou sous le gourbi ne leur coûte que de la main-d'œuvre domestique; car leur vêtement est en grande partie fabriqué par les femmes, avec les laines de leurs troupeaux; car leur alimentation ne se compose que de grains, de lait, de beurre, de viande de mouton, d'œufs, de miel, produits dans le douar; car enfin, ils ne payent ni domestiques, ni laboureurs, ni bergers, si ce n'est en produits de leur travail ou en nourriture, qui se confond avec la nourriture de la famille. Aucun peuple ne se trouve dans de meilleures conditions économiques pour thésauriser.

Est-ce l'impôt que nous demandons à ces malheureux qui diminue leurs ressources ? Comptons et prenons pour base le chiffre le plus élevé connu, celui de 8 fr. 74 par tête (centimes additionnels compris), qui a été cité par l'Empereur comme excessif et qui est supérieur de 1 fr. 50 à la moyenne. (Voir la *Lettre de l'Empereur sur la politique de la France en Algérie*, page 27).

A raison de 8 fr. 74 par tête, la totalité des indigènes payerait 23,178,847 fr. par an et eût payé 370,861,553 fr. en seize ans.

C'est moins que la moitié du produit de chacune des trois sources : exportations, budgets, capital colonial, auxquelles les indigènes peuvent aujourd'hui puiser presque à volonté.

Avant 1830, les indigènes payaient les mêmes impôts qu'aujourd'hui et il n'y avait ni exportations, ni budgets, ni capital colonial pour leur donner le numéraire nécessaire au payement de l'impôt et cependant ils vivaient dans une abondance relative.

De 1830 à 1847, sans le secours de l'exportation, des budgets, du capital colonial, les indigènes ont trouvé en eux-mêmes et sans excédants de récoltes — car les razzia et les incursions de nos troupes ont détruit beaucoup de produits, — les moyens de nous faire une guerre de dix-sept ans, tout en assurant le nécessaire à leurs familles et en payant à Abd-el-Kader, pour le soutien de la guerre sainte, des impôts plus élevés que ceux demandés par nous depuis la pacification générale.

Avant 1830, la guerre de tribu à tribu, qui était l'état normal; de 1830 à 1847, la guerre générale contre une puissance formidable, devaient bien un peu entraver la production, tandis que depuis 1847, la paix, la sécurité, l'ordre matériel, ont dû contribuer au développement de toutes les richesses, à l'augmentation de la population, à l'accumulation de toutes les économies.

D'où vient que, depuis 1847, depuis que les bureaux arabes administrent les indigènes, — d'après l'auteur des articles du *Constitutionnel*, — avec tant d'intelligence, de dévouement, d'aptitude, que personne ne pourrait les remplacer — d'où vient que la population diminue au point que le général Lacretelle redoute qu'elle ait disparu « d'ici à deux ans ? » d'où vient que « la masse des indigènes, d'après cet officier général, réduite à l'état de bêtes sauvages, ne vit que de racines et d'immondices » après avoir vendu tout ce qu'elle possédait — non en terres, parce qu'on avait pris ses mesures pour cela — mais « les bijoux des femmes et une partie des tentes ? »

Où est passé, demanderons-nous aux bureaux arabes, tout le numéraire que, depuis seize ans, nous avons répandu en si grande abondance chez les indigènes et notamment les 443,640,745 fr. que l'exportation — ce témoignage de prospérité d'après le *Constitutionnel* — a mis à leur disposition dans les six dernières années?

Répondez à cette question. Vous savez tout et nous ne savons rien; vous êtes l'alpha et l'omega de la science des affaires arabes et nous ne sommes et nous ne pouvons être qu'un point d'interrogation!

Répondez. Par pitié, par commisération pour tant de malheureux qui souffrent — peut-être un peu par votre faute, si ce n'est beaucoup; — aidez la France à voir clair dans la bouteille à l'encre des affaires qui vous sont confiées et dans lesquelles vous ne voulez permettre à personne de s'immiscer. Répondez. Faites la lumière, on pourra peut-être vous aider à sortir de l'impasse dans laquelle vous vous trouvez.

En 1867, les indigènes ont sorti de leurs tentes 45 millions de francs pour payer les céréales que le commerce a dû importer pour leur nourriture. Le général Lacretelle conclut du millésime des pièces avec lesquelles ils ont payé — « un certain nombre, dit-il, était de la Restauration ou du premier Empire » — que c'est « le dernier effort de la classe la plus aisée des fellahs et encore est-il persuadé qu'une partie de cette somme ne provient que de prêts usuraires. »

En quelles mains se trouve donc le complément du milliard de numéraire que la totalité des indigènes a dû économiser depuis seize et même trente-huit ans? Nous trouvons l'emploi de 45 millions en achat de céréales, l'affectation de 370 millions au payement des impôts. Total 415 millions. Où est le reste ? Nous demandons aussi, comment dans un pays, où il doit y avoir encore 600 millions écus disponibles pour de nouveaux achats de subsistances, comment, quand, de plus, les indigènes disposent en terres d'un capital de plusieurs milliards dont un sénatus-consulte récent leur assure la libre possession, comment, on ne trouve pas le moyen d'empêcher une population de mourir de faim, alors que déjà les 300,000 plus malheureux sont morts.

Nous devons avertir ceux auxquels nous adressons toutes ces questions que nous n'acceptons pas comme réponses celles que fait, par anticipation, à une partie d'entre elles, M. le général Lacretelle dans sa recherche des *véritables causes de la ruine des Arabes.*

IV

« La colonisation européenne, dit-il, a enlevé aux indigènes, *avec les meilleures terres,* la jouissance et même l'accès des cours d'eau ; alors, relégués sur les hauteurs, ils ne firent plus que des récoltes ou médiocres ou mauvaises.

Quand l'Arabe n'eut plus rien à vendre, ajoute-t-il il eut recours à l'emprunt, qui se développa surtout depuis 1856 et ne tarda pas à dégénérer en un trafic usuraire incroyable. »

Le général cite un fait d'usure, monstrueux il est vrai, — celui dont M. le baron Jérôme David a fait mention à la tribune dans la discussion du budget de l'Algérie ; — mais comme le général n'a que la preuve morale et *non la preuve matérielle,* — c'est lui-même qui l'avoue — et comme d'ailleurs il n'indique ni le nom ni la nationalité de l'usurier, nous n'avons pas à nous occuper d'un détail qui peut très bien ne pas être complétement exact.

Mais, les conclusions du général étant celles-ci : « l'Arabe tombera de plus en plus et périra irrévocablement par le contact européen, s'il reste auprès de lui dans un aussi grand état d'infériorité, » nous avons à démontrer que les *véritables causes de la ruine des Arabes,* selon l'ancien officier des bureaux arabes, appartiennent au domaine des chimères comme les moyens indiqués par lui pour conjurer le mal.

La colonisation, dit-il, a enlevé aux indigènes leurs meilleures terres.

Notons que les colons se sont trouvés dans la nécessité d'accepter les terres que l'Etat a bien voulu leur donner, 500,000 hectares environ, (soit la vingt-huitième partie des 14 millions d'hectares du Tell) et, en général, c'étaient des terres délaissées par les indigènes ou parce qu'elles étaient en friche ou parce qu'elles étaient insalubres, inhabitables, incultivables.

L'un de nous, dans l'*Algérie devant l'Empereur*, (pages 108 et 109), a déjà réfuté cette erreur ; mais les officiers des bureaux arabes ne lisent pas, ils savent tout de science infuse et alors nous sommes forcés de répéter ce que nous avons déjà dit ; nous ne nous fatiguerons pas et nous répéterons la vérité jusqu'à satiété :

« Avant les travaux des colons, disions-nous en 1865, étaient couverts de palmiers nains, savoir :

» Tout le Sahel d'Oran, du Rio-Salado au Chelif ;

» Tout le Sahel d'Alger, de Cherchell à Dellys ;

» Tout le versant de l'Atlas, au sud de la Mitidja ;

» Les environs de Philippeville, en dehors de la vallée de la Safsaf ;

» Le Sahel, entre Bône et Guelma.

» Aujourd'hui de nombreux villages français couvrent ces terres, dont les indigènes ne tiraient aucun parti.

» Etaient marais, savoir :

» La partie nord de la plaine du Tletat ;

» Les 21,000 hectares de la Macta et de l'Habra, vendus l'année dernière, à charge de consacrer 4 millions à leur assainissement ;

» Toute la partie centrale de la Mitidja, (1) du lac Alloula au Hamis ;

____

(1) Pour la Mitidja, M. Louis Chauveau confirme ce que nous avançons. Le *Constitutionnel* ne récusera pas son témoignage, nous l'espérons, car il est un de ses rédacteurs ordinaires ; M. le général Lacretelle, non plus, du moins nous le pensons, attendu que M. Louis Chauveau est aujourd'hui le défenseur agréé des bureaux arabes dans la presse officielle.

Voici ce que dit cet écrivain dans le *Moniteur Universel* du 18 novembre :

« Cette plaine où l'on récolte aujourd'hui d'abondantes moissons et qui, dans les bonnes années, fournit à l'exportation un aliment aussi riche que varié, ne produisait, *avant la conquête*, que des *broussailles*, des *palmiers nains* et des *artichauts sauvages*. N'étant pas, comme maintenant, sillonnée de routes, conduisant de tous les points de l'Afrique aux portes d'Alger, elle était incessamment piétinée dans toutes les directions par les bêtes de somme. Chaque Arabe y dressait sa tente, y laissait brouter les animaux qu'il menait avec lui, là où bon lui semblait. Il fait dire aussi que les mêmes portions de ce territoire, dont on a depuis tiré le meilleur parti, eussent été alors inhabitables, *couvertes qu'elles étaient de*

» La Regaïa et la Rassauta ;

» L'embouchure de l'Oued-Corso ;

» L'embouchure de l'Isser ;

» La plaine de Bougie ;

» La partie inférieure de la vallée de la Safsaf ;

» Le bassin du Hamma (*la fièvre*), sous Constantine ;

» Toute la plaine de Bône, entre le lac Fezzara et les lacs de La Calle.

» Tous ces marais pestilentiels n'étaient antérieurement d'aucune utilité réelle pour les indigènes : des myriades de moustiques seules les habitaient, et quand des troupeaux, contraints par la famine, s'en approchaient, leurs peaux était tellement criblées par les aiguillons des mouches qu'il était impossible de les tanner, et leur sang tellement empoisonné que les plus belles bêtes étaient atteintes de la pourriture du foie en moins de quelques mois.

» Aujourd'hui, ces marais assainis, complantés, donnent à la colonisation européenne ses plus riches terres de culture. Là se trouvent, entre autres, Boufarik et Oued-el-Aleig, dont l'Empereur a tant admiré la magnificence de végétation.

» Les colons ont donc conquis les champs qu'ils fécondent, non sur les meilleures terres de culture des indigènes, mais sur des espaces abandonnés par eux. »

Les contrées énumérées ci-dessus comprennent les trois quarts des territoires dévolus à la colonisation européenne et près de la moitié de la superficie des territoires civils.

Donc, relativement à la qualité des terres et à l'utilisation qu'en retiraient les indigènes avant nous, jamais plus fausse assertion que celle du général Lacretelle n'a pu être produite. Il répète ce que disent, dans leurs discours et leurs écrits, les officiers des bureaux arabes depuis vingt ans, ce que M. le général Deligny vient de redire à Oran, dans son

---

marécages. Ajoutons enfin que le gouvernement turc, qui divisait beaucoup pour régner peu, excitait l'animosité des tribus les plus voisines de ses remparts, de telle sorte que le désorde des champs de la Mitidja était l'image fidèle de la *ruine* et de la *désolation* de la *population clair semée qui l'habitait.*

» Quel changement aujourd'hui ! Et ne peut-on pas dire que nous avons deux fois conquis ce territoire ? Après l'avoir purgé des bandes de pillards qui l'infestaient encore dix ans après la prise d'Alger, ne l'avons-nous pas *desséché* DÉFRICHÉ, ASSAINI, PEUPLÉ DE FERMES ET DE VILLAGES ? »

Le témoignage de M. Louis Chauveau confirme donc, pour une partie importante du territoire de la colonisation française, ce que nous disons du tout et, pour le reste, nous mettons les officiers des bureaux arabes en demeure de démontrer le contraire de ce que nous affirmons.

Au lieu de prendre pour les colons les meilleures terres du pays, on ne leur a donné, en général, que celles dont les indigènes ne tiraient aucun parti, et, si les terres des colons sont devenues très bonnes, c'est que, par le travail, ils les ont rendues telles.

discours au conseil général. La consigne est donnée, on s'y conforme.

Pour la première fois, on nous dit que « la colonisation a enlevé aux indigènes la jouissance et même l'accès des cours d'eau et qu'alors les Arabes ne peuvent lutter contre la sécheresse. » Nouvelle consigne, qui sera transmise, de père en fils, tant qu'il existera un officier des bureaux arabes, quoi que nous fassions pour démontrer que rien n'est plus faux.

Vingt-trois grands cours d'eau découpent l'Algérie en plates bandes, du sud au nord, c'est-à-dire de la région des hauts-plateaux à la mer et fournissent aux riverains des eaux abondantes en toutes saisons. Nous relevons ci-dessous les noms de chacun de ces cours d'eau, l'étendue kilométrique de leurs parcours et la superficie de l'espace occupé par les colons sur ces cours d'eau, en faisant observer que, même dans la partie colonisée, leur usage est commun aux riverains, qu'ils soient Européens ou indigènes. Nous ferons observer en même temps, que toutes les têtes de ces cours d'eau, ramifiées en une multitude infinie de branches, comme la tête des arbres, sont exclusivement dans les possessions des indigènes et que les colons n'ont à leur disposition que les eaux des troncs près de leur embouchure, c'est-à-dire dans la partie la plus insalubre de leur cours.

Voici, de l'Ouest à l'Est, le relevé de ces cours d'eau :

NOMS	Etendue de leur cours.	Espace occupé par les Européens.
Tafna	160 kilom.	zéro
Isser de l'Ouest	105 —	1.051 hectares.
Mekerra-Sig	225 —	22.600 —
Habra	180 —	22 000 —
Mina	170 —	15.000 —
Djediouïa	65 —	Zéro
Riou	130 —	1.050 —
Isli	100 —	zéro
Fodda	100 —	zéro
Rouina	85 —	zéro
Dardar	70 —	zéro
Chelif	340 —	16.422 —
Isser de l'Est	185 —	200 —
Oued-Sahel	160 —	3.000 —
Sebaou	95 —	3.000 —
Bou-Sellam	165 —	6.000 —
Oued-Eudja	105 —	zéro
Roumel	220 —	30.000 —
Zenati	75 —	2.000 —
Cherf	160 —	2.000 —
Sebous	105 —	30.000 —
Mafrag	90 —	10.000 —
Oued-Kebir	80 —	3.000 —
Total	3.170 kilom.	157.323 hectares.

(Mina à Dardar : Affluents du Chélif.)

En dehors de ces principaux cours d'eau, il y a, dans la Mitidja, des rivières propres à ce bassin : l'Oued-Merad, l'Oued-Djer, le Bou-Roumi, la Chiffa, l'Harrach, l'Oued-Khremis, dont un seul, l'Harrach, est aujourd'hui aménagé pour l'irrigation, mais qui tous sont susceptibles d'être appropriés à cet usage, toutefois après de grands travaux auxquels les riverains devront concourir. Jusqu'à ce jour, indigènes et colons usent de ces eaux au *prorata* des droits de leurs propriétés et s'il y a abus du droit, c'est chez les indigènes qu'il se produit et sans qu'on puisse y faire obstacle, car ils sont maîtres de toutes les têtes des eaux.

Dans la province de Constantine, deux vallées : celle du Bou-Merzoug et celle de la Safsaf, sont dans des conditions particulières. L'Etat était propriétaire des terres de ces vallées et en les distribuant en concessions, il a conféré des droits égaux à l'usage des eaux, au *prorata* de la superficie irrigable des concessions, sans distinction entre indigènes et Européens.

Si nous défalquons des principaux cours d'eaux, dont l'étendue est estimée par nous à 3,170 kilomètres, la superficie des 157,323 hectares environ que les colons possèdent sur leurs rives, nous trouvons que les indigènes disposent librement de 3,000 kilomètres de rives arrosées ou arrosables contre 170 affectés aux colons, mais sur lesquels les droits d'usage des indigènes sont réservés. La proportion en faveur de ces derniers, comparée au chiffre des habitants, est donc près du double de celle des Européens et plus du double, avec les affluens supérieurs qui ont été négligés dans nos calculs et dont les indigènes sont seuls riverains.

Le général Lacretelle s'écarte donc singulièrement de la réalité, en alléguant que les indigènes n'ont que des *succanos* sur lesquels ils ne peuvent plus obtenir de récoltes dans les années de sécheresse, parce que toutes les bonnes terres, humides, profondes, ont été données aux Européens.

Que les indigènes, au lieu d'incendier les arbres en plantent à l'imitation des colons ; qu'au lieu de labourer toujours la même terre, ils défrichent pour avoir des terres neuves, comme les colons ; qu'au lieu de gratter le sol avec leur araire, ils pratiquent des labours profonds comme les colons, et ils obtiendront de belles récoltes comme eux.

Voilà la vraie vérité, voilà ce qu'il y a à dire aux indigènes et non leur montrer les colons comme des gens qui leur rendent la vie impossible.

Que dire de l'usure après tout ce qu'on a déjà écrit à ce

sujet pour réfuter une calomnie qui se perpétue, au moins en ce qui concerne les colons ?

Constatons un point important. En 1865, on estimait à 16 millions les intérêts usuraires payés annuellement par les indigènes de la province d'Oran et on citait la subdivision de Sidi-Bel-Abbès comme une de celles ayant le plus emprunté aux usuriers. Depuis cette époque, le général Lacretelle a commandé la subdivision de Sidi-Bel-Abbès et à propos de sa population et de l'usure qui la ronge, il dit : « Nous lui connaissons 600,000 francs de dettes de cette nature ; » il ajoute, il est vrai : « à combien s'élève le chiffre de celles que nous ignorons ?»

Le chiffre ignoré est facile à trouver. Dans la subdivision de Sidi-Bel-Abbès, quand on a voulu connaître le chiffre exact des emprunts, on a laissé croire aux indigènes que l'Empereur allait payer leurs dettes ; ceux qui n'en avaient pas allèrent prier quelques colons de vouloir bien se prêter à leur signer des actes d'emprunts fictifs pour être compris sur les états de remboursement à présenter au souverain. S'il n'y a eu que 600,000 francs déclarés, c'est qu'il n'y avait que ce chiffre emprunté et, au lieu d'avoir à ajouter à cette somme un inconnu, il y a peut-être à en retrancher ce qui est fictif. Toutefois, acceptons le chiffre de 600,000 francs en capital emprunté comme étant exact ; alors, le total des emprunts de la province serait en capital inférieur à 8 millions, la subdivision de Sidi-Bel-Abbès représentant le treizème de la province et cette subdivision étant reputée la plus obérée. Il y a loin, comme on le voit, d'un capital de 8 millions au chiffre de 16 millions d'intérêts.

Mais, demanderons-nous au général Lacretelle et à tous ses admirateurs des bureaux arabes, qui donc aujourd'hui serait assez insensé pour prêter un centime aux indigènes quand on refuse au prêteur jusqu'au droit de saisir les biens de son débiteur ? Les officiers des bureaux arabes se sont, sans doute, inspirés d'un mauvais placard qu'on lit souvent dans les cabarets : *Crédit est mort, les mauvais payeurs l'on tué* ; ils ont, eux tué le crédit des indigènes en les rendant mauvais payeurs. C'est de l'économie politique à l'usage des ivrognes et c'est tout ce que nous voulons en dire.

Le général Lacretelle demande à cor et à cris que le décret du 11 novembre 1849, sur la liberté du taux de l'intérêt, soit rapporté.

« Il faut, dit-il, que l'usure soit tuée ou que le peuple arabe meure. Choisissez. »

Nous répondrons à tous les partisans de ce nouvel expédient :

« Demandez à l'Empereur de rapporter le décret du 13 décembre 1866, — rendu à votre demande, — qui déclare insaisissables pour dettes antérieures, les propriétés constituées en vertu du sénatus-consulte de 1863 ;

» Obtenez que l'Empereur autorise immédiatement, sans un jour de retard, les indigènes à vendre ou à hypothéquer leurs terres ;

» Insistez pour qu'on maintienne la liberté du taux de l'intérêt ;

» Laissez faire, sans crier à l'usure ;

» Et ce qui, parmi les indigènes, est susceptible d'être sauvé sera sauvé ; autrement, avec toutes les restrictions prohibitives patronées par vous, tout est perdu. »

C'est la sage, la vraie économie politique qui vous donne ce conseil.

A notre tour, nous vous disons : « Choisissez. »

Il y a douze ans, nous apprend le général Lacretelle, que l'emprunt a commencé à se développer chez les Arabes.

De 1848 à 1855, il vécurent *sur le leur*, comme disent nos paysans, en mangeant leurs réserves antérieures ;

De 1856 à 1866, ils vécurent sur l'emprunt.

Le décret du 13 décembre 1866 ayant tari la source de l'emprunt, désormais les indigènes vivent sur le temps que la mort veut bien leur concéder.

Ce n'est donc pas aux faits accidentels des sauterelles et de la sécheresse qu'est due la ruine des Arabes, puisqu'il y a douze ans qu'ils empruntent et qu'avant d'emprunter ils avaient vendu tout ce qui était vendable.

C'est donc à une cause durable, persistante, qu'il faut attribuer la décadence successive, progressive, des indigènes. Quelle est cette cause ? Il n'y en a qu'une : la stérilisation de l'administration qui les régit.

Les faits sont patents, il n'y a pas à les nier.

Avant 1830, les indigènes étaient riches, quoiqu'ils payassent aux Turcs plus d'impôts qu'au gouvernement français et quoiqu'ils eussent beaucoup moins de facilité pour gagner de l'argent.

De 1830 à 1847, ils étaient riches encore, car, pendant dix-sept ans, ils ont supporté, contre une puissance considérable, toutes les dépenses d'une guerre qui eut ruiné beaucoup d'Etats secondaires de l'Europe.

Jusque-là les indigènes avaient relevé de gouvernements

qui ne passaient pas pour avoir beaucoup de sollicitude pour le développement de la richesse du pays.

De 1848 à 1856, sous le régime naissant des bureaux arabes, ils vivent encore, mais en épuisant toutes leurs ressources antérieures ; c'est un officier des bureaux arabes, M. le général Lacretelle, qui nous l'apprend naïvement.

De 1857 à 1866, sous le régime des bureaux arabes perfectionnés, nous apprend encore le même officier général, les indigènes vivent d'emprunts usuraires, marchant de plus en plus vers une ruine complète.

En 1866, le décret du 13 décembre rend tout emprunt impossible ; ils meurent de faim, mais les propriétaires incommutables, dans le Tell seulement, de douze millions d'hectares de terres inaliénables.

L'échelle de la ruine va montant d'année en année.

En pourrait-il être autrement, les indigènes étant gouvernés et administrés par un instrument qu'on charge de créer alors que sa fonction propre, celle pour laquelle il a été institué, est de détruire ?

Le contraire de ce que nous contestons serait un miracle et nous ne sommes plus au temps des miracles.

Après l'expérience acquise, conserver le gouvernement de l'Algérie aux mains des militaires, ce n'est pas vouloir, coûte que coûte, sauver les indigènes de la mort, c'est, à notre avis, assumer la responsabilité du contraire.

INDIGÈNES, COLONS, MILITAIRES

Insurrection de 1864.

Dans notre troisième lettre à M. Rouher, nous avons posé, comme étant aujourd'hui démontrée par l'insurrection de 1864, la vérité suivante :

« *Dans leurs rebellions contre notre autorité, les indigènes savent distinguer entre le colon et le militaire.* »

Cette vérité, le gouvernement militaire de l'Algérie ne veut pas l'admettre, ni la laisser passer sans l'obscurcir, parce que si elle était une fois admise en France, la nécessité du régime exceptionnel sous lequel on maintient la colonie, ne serait plus justifiée au même degré.

Alors, on nous raconte le drame du caravansérail de la Raouïa, dans lequel la famille du colon Arnaud et six voituriers civils, ont été victimes de leur isolement au milieu des Arabes; on nous rappelle le pillage et l'incendie des fermes isolées autour de Relizane, malgré la protection militaire dont ces établissements ont été entourés, malgré les actes de dévouement militaire pour aller les défendre.

Après avoir lu et relu l'article que le *Constitutionnel* consacre à démontrer notre erreur, nous persistons plus que jamais, à maintenir, comme démontrée, la vérité que l'on contredit, d'autant plus que les faits invoqués contre nous confirment et appuient la thèse que nous soutenons. Nous nous servirons donc des exemples cités par nos adversaires pour justifier le bien-fondé de nos convictions et pour cela il nous suffira de bien préciser les faits relatifs à l'insurrection de 1864 et de les corroborer, par un détail bien connu, d'une petite insurrection dans la province de Constantine en 1860.

I

Commençons par l'insurrection de 1864.

Le 13 mai, la grande tribu des Flitta, soulevée par un de ses marabouts, Si-el-Azereg (et non Si-Cazereg comme l'écrit le *Constitutionnel* par une erreur de lecture du manuscrit envoyé d'Alger), se décide à lever l'étendard de la révolte.

Pour son premier acte d'hostilité, elle avait à choisir, sur son propre territoire ou celui attenant, entre des établissements de colons sans défense ou des forces militaires organisées pour la guerre.

Une colonne expéditionnaire, à la tête de laquelle se trouvait le commandant supérieur de la subdivision, se rendait de Tiaret à Mostaganem et était alors à Sidi-Mohammed-ben-Aouda, campement d'une famille religieuse de la tribu. C'est à une attaque contre cette colonne que la préférence est donnée pour la première protestation; c'est au commandant supérieur de la subdivision, le colonel Lapasset, que le premier coup est porté.

Notons bien que c'est le 13 mai, et à M. le commandant supérieur de la subdivision en personne, que Si-el-Azereg dénonce les hostilités par une première attaque.

Il y a ensuite, au centre du pays des Flitta, un poste militaire, Zamora, où réside le bureau arabe chargé de l'administration spéciale des Flitta; c'est à ce poste politique que Si-el-Azereg rend sa seconde visite. A trois reprises différentes, il tente de l'emporter d'assaut; naturellement il en est repoussé.

Ces tentatives infructueuses de l'insurrection nous conduisent au 21 mai, c'est-à-dire à huit jours de la déclaration des hostilités.

Jusque-là, le caravansérail de la Raouïa, habité par le colon Arnaud, sa femme et deux enfants, n'a pas été attaqué, quoiqu'il soit sans défense possible et qu'une distance de 40 kilomètres seulement le sépare du poste de Zamora, contre lequel l'insurrection s'acharne pendant trois jours.

D'après la version du *Constitutionnel*, c'est le 18 qu'aurait commencé l'attaque de la Raouïa. Inquiété est possible, attaqué est improbable, car un simple caravansérail, défendu par 11 hommes, dont 7 colons, ne résiste pas pendant trois jours aux forces réunies d'une tribu comme les Flitta, alors qu'il succombe le cinquième jour, après avoir reçu des renforts en hommes et en munitions. Une relation officielle dit : « A la tête de ses nombreux contingents, le marabout se rua sur le caravansérail de la Raouïa (22 mai). » Cette version nous paraît la vraie ; c'est celle que nous adoptons.

Depuis le 13, le colonel Lapasset avait eu tout le temps, ou de faire évacuer ce caravensérail, ou de le pourvoir du personnel nécessaire à sa défense, tâche difficile sans doute, mais qui méritait d'être tentée. Probablement, le colonel s'abstint dans l'espoir que l'insurrection continuerait à respecter les établissements civils ; autrement, sa conduite serait inexplicable. Quant à nous, nous inclinons à croire que le caravansérail, épargné jusque-là, l'eût été complétement si on n'avait pas compromis sa neutralité en lui envoyant des secours militaires.

Quoiqu'il en soit, c'est le 20 mai, au matin, que le colonel expédie à la Raouïa, onze hommes avec des munitions ; ils y arrivèrent le 21, au point du jour.

Ces onze hommes étaient tous des indigènes qui se dévouaient, spontanément, nous dit le *Constitutionnel*, pour aller secourir une famille de colons. Parmi eux étaient trois caïds, six tirailleurs et deux spahis.

Ce fait de onze musulmans, offrant d'exposer leur vie pour sauver celle d'une famille chrétienne de colons, démontre bien un peu, qu'entre indigènes et colons, les rapports ne sont pas trop mauvais, et qu'Arnaud pouvait, dans une certaine limite, compter sur quelque appui, même chez les insurgés.

Le *Constitutionnel* nous explique pourquoi aucun des Français de la colonne expéditionnaire de la subdivision, ni officier, ni sous-officier, ni soldat, ne s'est associé au dévouement de ces onze indigènes : « Ne connaissant ni la langue du pays, ni les routes, les soldats français ne pouvaient, dit-il, tenter de remplir cette mission. » Alors nous n'avons pas tort, quand nous prétendons que la connaissance du pays, de ses affaires, de sa langue, est rare parmi les militaires de l'Algérie.

Mais revenons au caravansérail de la Raouïa.

A peine les onze nouveaux défenseurs y furent-ils entrés, nous dit le *Constitutionnel*, que les insurgés entourèrent l'établissement de tous les côtés. Si-el-Azereg les conduisait.

Une question se pose ici. Ne serait-ce pas parce qu'on a changé la nature de cet établissement, parce qu'on a transformé une hôtellerie civile en un poste militaire, qu'il s'est trouvé subitement investi? Cette hypothèse est probable. Si Arnaud et ses compagnons avaient cru leur vie en danger, — ils étaient également onze hommes, — rien ne les empêchait de vider les lieux la nuit, car, à sept kilomètres au sud, sur la route de Tiaret, ils arrivaient sur le territoire d'une tribu autre que celle des Flitta et qui n'a pas pris part à l'insurrection, les Ouled-Cherif. L'accès du caravansérail était libre, puisque des secours ont pu y arriver; alors, on pouvait en sortir; et s'il n'a pas été évacué spontanément dans la nuit du 20 au 21, c'est, ou qu'on ne croyait pas au danger, ou qu'on comptait sur des secours plus efficaces.

Après une lutte héroïque pendant toute la journée du 21, le caravansérail fut enlevé d'assaut dans la nuit du 21 au 22 et tout ce qui survivait à la défense fut passé par les armes. La femme Arnaud et ses deux enfants furent lâchement égorgés; cependant, dit le *Constitutionnel*, un tirailleur blessé fut fait prisonnier, parce que « ses blessures l'empêchaient de faire usage de ses armes. »

Le 26, le 27 et le 28 mai furent consacrés par Si-el-Azereg à l'attaque d'Ammi-Moussa, chef-lieu d'un cercle militaire, qui comprend une redoute et un centre de population civile d'une centaine de colons. Le centre civil, abandonné par ses habitants qui s'étaient réfugiés dans la redoute, fut incendié et détruit. La redoute fut battue en brèche avec une telle fureur que, malgré l'énergie de ses défenseurs, garnison et colons, on put « craindre, dit le rapport officiel, qu'elle tombât aux mains de l'ennemi. »

La prise du caravansérail de la Raouïa et les assauts livrés à la redoute d'Ammi-Moussa nous révèlent — soit dit en passant — le danger qu'il y a à apprendre aux indigènes comment on ouvre des brèches dans des murailles et comment on pénètre dans une enceinte par ces brèches. On a remarqué à la Raouïa et à Ammi-Moussa plus d'un ancien *tirailleur* ou *spahis* en tête des assaillants. Cette observation sert de contre-partie aux réflexions finales de l'article du *Constitutionnel*. En effet, si quelques rares indigènes puisent dans les rangs de notre armée « ces sentiments du devoir et du dévouement qui font les soldats et les martyrs, » beaucoup y apprennent aussi la science de nous faire une guerre redoutable (1).

____

(1) Dans une *Note sur les ruines de Gar-Roubau* publiée en 1859

Pendant ces trois journées du 26, du 27 et du 28 mai, le général Martineau, avec les troupes disponibles de la subdivision de Mascara, le colonel Lallemand, avec des renforts de la subdivision d'Orléansville, s'étaient rapprochés du massif des Flitta et avaient permis au colonel Lapasset de prendre enfin l'offensive avec 2,500 hommes de toutes armes, ce qu'apprenant Si-el-Azereg, il jugea prudent, dans la nuit du 28 au 29 mai, de lever le siége d'Ammi-Moussa, pour reprendre le chemin des montagnes des Flitta.

A en croire le *Constitutionnel*, c'est pendant que le colonel Lapasset va au secours d'Ammi-Moussa que Si-el-Azereg envahit la plaine de Relizane. « Que font alors les bandes d'insurgés? nous dit-il; elles descendent dans la plaine derrière lui; elles pillent les fermes isolées; elles entourent Relizane et s'avancent sur la route entre cette ville et Mostaganem; elles menacent les villages de l'Hillil et de Bouguirat. »

C'est une erreur. Si-el-Azereg passe les journées du 29 et du 30 dans les montagnes des Flitta, et ce n'est que le 31 qu'il descend dans la plaine. Il laissait donc au colonel Lapasset tout le temps nécessaire pour ravitailler Ammi-Moussa, renforcer sa garnison et revenir à Relizane défendre et protéger les établissements coloniaux de la plaine de la Mina, ce qui devait être le principal, pour ne pas dire l'unique but de ses efforts.

Ce n'est que dans les journées du 31 mai et du 1er juin, c'est-à-dire dix-huit et dix-neuf jours après les premières hostilités, que les révoltés font irruption autour de Relizane, pillant et brûlant les fermes, détruisant les poteaux télégraphiques sur une longueur de plusieurs kilomètres, menaçant les villages de l'Hillil et de Bouguirat, *mais se bornant à les menacer.*

Et il y avait deux bataillons du 82e dans le poste militaire de Relizane! Et le colonel Lapasset avait avec lui 2,500 hommes! Et le général Rose venait de débarquer à Mostaganem avec une brigade arrivée de France! Et la colonne du général Martineau des Chenetz avançait en arrière des insurgés du côté de Tiaret !

---

par M. Dervieu, fondateur de cet établissement, nous lisons ce qui suit :

« Malheureusement, la plus grande partie des chefs de bande passés et présents sont des spahis déserteurs ; on peut citer El-Adj-Ascri et Moullouk-ould-Maghrnia. La bande qui a assassiné notre malheureux employé, M. Pouilly de la Tour, était composée en partie de spahis déserteurs et avait pour chef un ancien chaouch du commandant supérieur de Maghrnia. »

En vérité, si, comme le dit et le répète plusieurs fois le *Constitutionnel*, « les colons n'ont pas fait preuve qu'ils étaient capables de se faire respecter des indigènes sans l'appui des soldats et des gendarmes, » il faut avouer aussi que les militaires n'ont guère prouvé qu'ils fussent plus capables de les protéger. Au moins, pouvons-nous constater, à l'avantage des colons éloignés des soldats, que ni le village de l'Hillil, ni le village de Bouguirat — le *Constitutionnel*, lui-même le reconnaît — n'ont été ni pillés, ni incendiés, tandis que les colons de la Raouïa, d'Ammi-Moussa, de Relizane, placés sous la protection spéciale des hommes de guerre, ont tout perdu : maisons, mobiliers, récoltes et même la vie pour quelques-uns.

Quelles dispositions a donc prises le colonel Lapasset, entre le 13 et le 31 mai, pour sauvegarder les intérêts de ses administrés civils ? Nous cherchons et nous ne trouvons pas.

Nous sommes convaincus — incompétents que nous sommes pour juger en pareille matière — qu'il a fait preuve d'une grande capacité militaire, puisqu'à la suite de cette campagne ses juges naturels ont décidé que le grade de général de brigade devait récompenser ses services ; mais, en sa qualité de commandant supérieur de subdivision, le colonel Lapasset n'était pas que chef militaire, il était aussi chef civil, et nous, en notre qualité de colons, nous ne pouvons pas ne pas constater qu'il a été malhabile a protéger les intérêts des colons de la Raouïa, d'Ammi-Moussa et de Relizane; et, malgré la prétention contraire du *Constitutionnel*, nous maintenons que les colons de l'Hillil et de Bouguirat ont été bien plus heureux en se protégeant eux-mêmes. Nous maintenons donc, en ce qui concerne le colon Arnaud et sa famille, lequel avait su se protéger lui-même du 13 au 20 mai, qu'il n'avait pas de plus grand malheur à redouter en restant livré à lui-même, et qu'on a inutilement sacrifié la vie de onze hommes pour le secourir, si toutefois ce secours n'est pas la cause de sa perte.

Nous sommes certains que l'auteur de l'article auquel nous répondons est aussi de cet avis.

D'ailleurs, ce n'est pas la première fois que l'autorité militaire compromet la sécurité des établissements des colons.

En mai 1860, l'exploitation de chênes-liége de MM. Bock et Delacroix, dans la basse vallée de l'Oued-el-Kebir, entre Collo et Djidjelli, jouissait de la paix la plus profonde avec les indigènes ses voisins, à tel point que les propriétaires de cet établissement, qui résidaient en France, crurent pouvoir y aller faire un voyage d'agrément ; mais pendant qu'ils ne songeaient, dans le calme de leur isolement, qu'à développer leur entreprise, une colonne expéditionnaire vint procéder à quelque exécution militaire dans les montagnes du littoral et, par représailles, l'établissement pacifique fut cerné, envahi, pillé, incendié, et MM. Bock et Delacroix furent les premières victimes de leur confiance. Sans aucun doute, l'officier général qui commandait l'expédition, cause de ce malheur, confiant dans la distinction que les indigènes devaient faire entre militaires et colons, n'avait pas cru devoir garantir l'établissement civil de l'Oued-el-Kebir contre un coup de main, car il lui était des plus faciles d'y jeter par mer une garnison.

Ce qui prouve, du reste, que cette distinction a été faite, c'est que M. Delacroix, blessé, fut rapporté au poste d'El-Miliah par les soins des ouvriers indigènes de l'exploitation et que les autres ouvriers européens furent cachés et sauvés par une famille de marabouts. Quant à M. Bock, tué avec un de ses ouvriers, il n'avait plus besoin que du repos de la sépulture.

La question principale du débat étant vidée, nous pouvons aborder plus utilement quelques points secondaires de l'article du *Constitutionnel.*

II

Dès les premières lignes de leur soi-disant réfutation nos adversaires disent :

« L'accusation de MM. Jules Duval et Warnier est nettement formulée : la levée de boucliers de 1864 est, d'après eux, l'œuvre de l'administration militaire. »

Œuvre de l'administration militaire! Si cette expression n'est pas un *lapsus calami,* elle signifie que nous accusons l'autorité militaire de trahison. Nous protestons contre une telle interprétation de notre troisième lettre à M. Rouher, car elle ne contient pas un seul mot qui puisse indiquer que telle est notre pensée.

Si, par ce membre de phrase, on a voulu nous provoquer à dire à quelles causes nous attribuons l'insurrection de 1864, nous acceptons le défi ; et, à notre tour, nous mettons nos contradicteurs au défi de réfuter ce que nous allons dire.

Si, dans les derniers jours de 1863 ou au commencement de 1864, le commandant supérieur de Geryville, — un capitaine, — et le chef du bureau arabe de ce poste, — un lieutenant, — n'avaient pas blessé, par un fait matériel grave, la susceptibilité de la puissante famille des Ouled-Sidi-Hamza, famille seigneuriale des Ouled-Sidi-Cheikh et de toute le Sahara occidental, la révolte n'eut pas eu une raison déterminante ni un point d'appui solide, et problablement même elle n'eut pas éclaté, malgré les sollicitations des fanatiques de la Mekke et les préparatifs accomplis.

Si-Hamza, le chef de la famille, *commandeur de la Légion d'honneur*, avait, en notre nom, à notre profit et avec ses seules forces, détrôné Mohammed-ben-Abd-Allah de son sultanat d'Ouargla et avait soumis à notre domination cette oasis avec ses dépendances, c'est-à-dire des provinces grandes comme un tiers de la France.

Si-Bou-Beker, fils aîné de Si-Hamza, et son successeur, *officier de la Légion d'honneur*, avait, après un brillant combat auquel pas un militaire français n'était présent, fait le susdit Mohammed-ben-Abd-Allah prisonnier et nous l'avait livré, malgré sa dignité de chérif et son titre d'envoyé de la Mekke avec mission de soulever le Sahara.

Si-Sliman, frère cadet de Si-Bou-Beker, *chevalier de la Légion d'honneur*, avait, avec son frère, contribué à la capture de Mohammed-ben-Abd-Allah.

Si-Lalla, oncle des deux précédents et frère de Si-Hamza, *chevalier* ou *officier de la Légion d'honneur*, avait administré, en notre nom et depuis plusieurs années, les conquêtes de son frère.

Les services antérieurs de cette famille étaient, non pas seulement une garantie qu'elle ne se mettrait pas à la tête d'une insurrection contre notre domination, mais encore qu'elle la combattrait énergiquement si un drapeau hostile venait à se montrer. Elle était compromise par son dévouement à notre cause: c'était énorme.

Dans la situation où se trouvait l'islamisme entier en 1863-1864, on devait compter avec une telle famille. On l'a humiliée, on a mis Si-Sliman dans la nécessité de s'éloigner de nous, de se retirer au désert, mais sans le moindre acte d'hostilité de sa part. La responsabilité de cette première cause de l'insurrection incombe à ceux qui, à Géryville, avaient la direction des affaires du pays.

Le lieutenant-colonel Beauprêtre, commandant supérieur du cercle de Tiaret, est chargé de s'immiscer dans le différend intervenu entre le Bach-agha et l'autorité militaire du cercle de Géryville. Le choix de cet officier supérieur est très malheureux, car le lieutenant-colonel Beauprêtre est connu dans toute l'Algérie, parmi les Européens comme parmi les indigènes, pour trancher à la turque le nœud gordien des affaires arabes. La responsabilité d'un tel choix incombe à l'autorité militaire la plus élevée de la province.

Le lieutenant-colonel Beauprêtre part de Tiaret le 23 mars avec une colonne composée en très grande minorité de Français et en très grande majorité d'indigènes, parmi lesquels le goum des Harar dominait. Entre les chefs des Harar et le lieutenant-colonel Beauprêtre, il y avait une querelle personnelle à vider et elle le fut le 8 avril, à Aïn-Sidi-Bou-Beker, par la trahison des Harar et la mort de tout ce qui était Français dans la colonne Beauprêtre.

Si, mieux avisés, mieux éclairés sur les dispositions de leurs auxilliaires, Beauprêtre et son chef de bureau arabe avaient prévu le danger certain et inévitable auquel ils s'exposaient, ils n'eussent quitté Tiaret qu'avec des troupes exclusivement françaises et l'insurrection, au lieu de se propager du Sahara dans le Tell, n'eut problablement pas éclaté, car la défection des Harar est le premier acte par lequel se manifesta l'insurrection

En tout ceci, il y a encore des fautes commises dont la responsabilité incombe au manque de perspicacité des malheureux qui les ont expiées: aussi sommes-nous indulgents pour leur mémoire.

Pourquoi les Flitta prennent-ils les armes contre une de nos colonnes le 13 mai? Problablement parce qu'on ne l'avait pas prévu; probablement aussi parce que les affaires de cette tribu étaient menées comme nous avons vu qu'a été conduite la défense des intérêts européens autour de cette tribu en révolte.

Non, l'insurrection de 1864 n'est pas l'œuvre de l'administration militaire, mais elle est le résultat de fautes nombreuses commises par cette administration et qu'on eut certainement évitées si l'Algérie était gouvernée et administrée comme elle doit l'être.

Nous ne sommes pas seuls de cet avis.

L'Empereur, plus compétent que nous en ces matières, parce qu'il dispose d'informations qui nous sont refusées, écrit dans sa *Lettre* de 1865 *sur la politique de la France en Algérie*, à l'article BUREAUX ARABES, page 73 :

« Je sais, D'UNE MANIÈRE POSITIVE, que le langage et la » CONDUITE IMPRUDENTE de quelques officiers des bureaux

» arabes n'ont pas été sans influence sur l'esprit de certains chefs
» *qu'ils ont poussés dans l'insurrection.* »

Nous espérons que nos contradicteurs ne récuseront pas
l'autorité de l'Empereur.

Sur ce point, il n'y a pas de doute possible sur la PENSÉE
IMPÉRIALE, cette pensée qu'on invoque en toute occasion, depuis 1865, en Algérie, pour faire incliner toutes les affaires
vers l'utopie du royaume arabe.

Passons à un autre point :

III

Volontiers l'auteur de l'article du *Constitutionnel* voudrait
nous faire dire ou arguer de quelque détail de nos critiques,
que nous considérons la protection de l'armée contre les indigènes comme étant désormais inutile à la colonisation,
tant les rapports de bon voisinage entre Arabes et colons
sont excellents et fraternels. On n'ose pas aller jusque-là,
parce que notre troisième lettre à M. Rouher contient sur
l'inexécution de la partie militaire du programme impérial,
et entre autres sur la non occupation de la frontière décou-
verte du Tell et du Sahara par la plus grande partie des forces de l'armée, des observations très fondées — dont on ne
fait aucune mention, malgré la gravité de l'accusation — et
qui répondent d'avance à l'aberration d'esprit qu'on voudrait nous prêter ; mais notre contradicteur serait très heureux de nous faire l'honneur d'une telle absurdité et il
cherche à insinuer que telle est notre prétention.

Notre prétention vraie est celle-ci : aux colons la conquête
pacifique du sol par la colonisation, aux colons l'éducation
des indigènes par la civilisation; à l'armée la répression de
tous les actes d'hostilité, la protection des colons et des indigènes contre toute atteinte à leur sécurité; à un gouvernement
et à une administration, qui ne soient pas l'armée, le soin
de résoudre, dans l'intérêt de tous, les problèmes civils, so-
ciaux, politiques et économiques que pose la question algérienne.

Quand l'armée, en Algérie, ne sera pas le pouvoir souverain à tous les dégrés de la hiérarchie, on n'y verra plus,
comme en 1864, une insurrection surgir sans qu'on soit en
mesure de la réprimer et de l'étouffer immédiatement; on

n'y verra plus des fermes, des villages, envahis par les insurgés, pillés, incendiés, leurs habitans égorgés ; et si on le voit encore, ceux, dans le ressort desquels ces malheurs arriveront, ne seront plus élevés à des grades supérieurs et proclamés habiles entre les habiles.

L'armée, la colonisation, l'administration, le gouvernement, distincts les uns des autres, seront responsables isolément des fautes commises, comme la reconnaissance publique les récompensera de leurs mérites respectifs.

Telle est notre unique prétention, qui est celle des colons, et nous n'en avons pas d'autre. L'ensemble de nos lettres à M. Rouher le prouve.

Le bureau politique des affaires arabes de l'Algérie paraît ne pas pouvoir se rendre compte des motifs pour lesquels les indigènes distingueraient entre le colon et le militaire. « Est-ce que cela est exact, se demande-t-il ; est-ce que jamais pareille distinction a été faite ? »

Mais oui et mille fois oui, et non-seulement les indigènes distinguent entre colons et militaires, mais ils distinguent entre militaires et militaires, suivant qu'ils sont plus ou moins bienveillants pour eux, et ces distinctions ils les font parce qu'ils sont des hommes et qu'il est dans la nature humaine qu'ils les fassent.

A notre connaissance, les Arabes n'ont cherché à attenter qu'à la vie d'un seul officier général et, si la tentative n'a pas réussi, elle a été plusieurs fois renouvelée ; mais cet officier général est celui auquel un grand nombre de têtes coupées sans jugement a donné une si triste célébrité.

A notre connaissance aussi, il n'y a pas, depuis 1830, un second exemple de trahison pareil à celui dont le lieutenant-colonel Beauprêtre et la colonne qu'il commandait ont été victimes ; mais aussi il n'y a pas un autre officier qui se soit permis, même dans les grades subalternes de sous-lieutenant, de lieutenant et de capitaine, d'user et d'abuser autant de la justice à la façon des anciens pachas.

Nous nous souvenons encore avoir entendu, dans une séance de conseil de guerre, un indigène, poursuivi pour un crime capital, se vanter d'avoir tué antérieurement plus d'un autre chrétien, et lorsque le président lui rappela que les bêtes fauves au moins ne tiraient pas vanité de leurs attentats, nous nous rappelons très bien que l'auditoire fut très ému de la déclaration suivante de l'accusé :

« Plus d'une fois, l'un de vos officiers s'est trouvé sous le canon

de mon fusil et, malgré mes instincts de bête fauve, je l'ai toujours
volontairement épargné, parce qu'il fait travailler les hommes de
ma tribu, parce qu'il est bon, juste, bienveillant pour eux. »

Sur la demande du président il fit connaître le nom cet officier : c'était le capitaine du génie Brincard, le fondateur de
Philippeville.

Comme les officiers du génie qui toujours employent des
indigènes dans leurs travaux, les officiers de santé militaires
qui les soignent dans leurs maladies, les vétérinaires, les
comptables des subsistances et les officiers des remontes, qui
ont souvent l'occasion de conclure des marchés avec eux,
ont aussi le privilége d'être distingués des autres membres
de l'armée.

Quant aux autres militaires, que sont-ils pour la masse
des indigènes ? Ils sont l'ENNEMI, les conquérants de leur
nationalité perdue, les exécuteurs des hautes-œuvres du
commandement, la main toujours armée pour la répression.

Entre le militaire et le colon, la différence, pour l'indigène,
est bien plus grande encore.

Le militaire ne vient en Algérie, que momentanément, ou pour y accomplir un devoir qui lui paraît une
corvée, ou pour y trouver plus lde chances d'avancement.
Dans le premier cas, il aime peu l'indigène, dont l'esprit
d'indiscipline rend son service plus pénible ; dans le second
il le préfère révolté pour avoir l'occasion d'échanger avec
lui des coups de fusil et de se distinguer en en tuant le plus
qu'il pourra. L'avancement rapide et les décorations ne
s'obtiennent qu'à cette condition (1).

---

(1) Un très haut personnage racontait à l'un de nous qu'ayant dû,
à raison de ses fonctions, entretenir un jour l'Empereur des insurrections qui se renouvelaient en Algérie, et Sa Majesté lui en
témoignant son chagrin, il lui avait dit :
— Sire voulez-vous mettre fin à toute insurrection ?
— Assurément.
— Eh bien, faites savoir que tout officier dans le commandement
duquel des troubles éclateront perdra tout droit à l'avancement ; —
faites savoir que tout officier, dans le commandement duquel
régnera la tranquillité, aura un droit privilégié à l'avancement,
et je vous réponds de la paix.
L'Empereur garda le silence.
Certes, le haut personnage ne pensait pas plus que nous-mêmes,
à accuser l'armée de fomenter les révoltes ; mais il jugeait avec
un grand sens, que le jour où ses chefs auraient intérêt à les prévenir, au lieu d'avoir intérêt à les réprimer, ils déploieraient à
cette mission d'apaisement et d'ordre tout l'effort de leur activité et
de leur intelligence et qu'ils y réussiraient à peu près toujours.

Le colon, surtout l'agriculteur, est ordinairement en Algérie pour la vie; quand il est isolé au milieu des indigènes dans la campagne, son plus grand intérêt est de n'avoir que de bonnes relations avec eux; et, pour les établir, il ne recule devant aucune avance, devant aucune politesse, même devant quelque sacrifice. La paix dans le pays fait son bonheur, la guerre ne peut que compromettre sa fortune, ses espérances les plus chères, sa vie même.

Le soldat caserné, l'officier empavillonné n'ont pas d'intérieur, de table, de famille; le voulussent-ils, ils ne peuvent ni recevoir un indigène, ni lui offrir une collation, ni lui rendre le plus petit service.

Le colon propriétaire, entouré de sa femme et de ses enfants, d'un personnel de domestiques, pourvu de tout ce qui est nécessaire à la vie des champs, peut, à chaque instant et sans dépense, offrir l'hospitalité la plus large à un indigène, lui faire administrer des soins s'il est malade, lui prêter des objets dont il a besoin, lui réparer un outil, un harnachement, un instrument détériorés; il peut lui donner de bons conseils, le prémunir contre un danger, le recommander à la bienveillance de la justice ou de l'administration, le réconcilier avec un ennemi, lui faciliter une bonne opération, en un mot l'assister en toute circonstance.

Le militaire, ignorant presque toujours la langue du pays, ne peut causer avec l'indigène et le pût-il, leur conversation se trouve limitée aux choses d'une spécialité: la guerre, les armes, les chevaux.

Le colon, qui, lui, au contraire, sait la langue arabe, qui cultive et élève des bestiaux comme l'Arabe, qui court les mêmes risques de pertes ou de gain dans ses entreprises, qui fréquente les mêmes marchés, qui opère sur les mêmes produits, qui vend et achète à l'Arabe, il a mille sujets de conversations variées dont il peut entretenir son voisin indigène, sans avoir jamais à aborder avec lui les questions toujours délicates de la politique, de la religion, de la guerre, de tout ce qui sépare les deux races.

Il y a aussi une raison d'ordre supérieur pour que le musulman distingue entre le colon et le militaire.

Le colon appartient toujours à une paroisse et, dans toute paroisse, il y a un prêtre et une église.

Le prêtre intervient, par une cérémonie religieuse, dans tous les principaux actes de la vie du colon: baptême, première communion, confirmation, mariage, enterrement. Le musulman, témoin de ces cérémonies religieuses, ne peut douter que le colon ait une religion, religion différente de la sienne, soit, mais que le Coran lui ordonne de respecter.

Bien que le militaire ait aussi sa religion, aucun acte de sa vie n'en témoigne, pas même sa mort, car ni le prêtre ni ses camarades ne conduisent à sa dernière demeure le soldat décédé à l'hôpital. Un tombereau le porte la nuit à la fosse commune.

Sur la tombe du colon, il y a toujours une croix, symbole de sa foi, indiquant que là gît un individu né chrétien, qui a vécu chrétien, qui est mort chrétien.

Il y a, par milliers, des soldats enterrés dans tous les coins de l'Algérie, sans que quoi que ce soit indique à quelle religion, payenne, juive ou chrétienne ils appartiennent.

Les musulmans, qui donnent la sépulture religieuse à tous leurs morts et qui ont un respect pieux de la tombe, ne sont pas sans avoir constaté ces différences.

Pour eux, les colons sont des chrétiens et si on leur demande quelle est la religion du militaire, leur réponse sera celle d'Abd-el-Kader en 1837.

Les motifs de cette distinction ont une grande valeur, car ils émanent des sentiments les plus élevés de l'humanité.

Les bureaux arabes qui ont peur, ou feignent d'avoir peur, dès que le christianisme s'affirme devant l'islamisme, n'apprécieront pas comme nous la raison de cette distinction, nous le savons. A l'inverse de leurs doctrines et de leurs pratiques, nous croyons, nous, que notre domination en Algérie ferait de plus grands progrès si nous étions plus chrétiens. C'était et c'est encore l'opinion d'Abd-el-Kader ; c'est celle de tous les hommes éclairés de l'islamisme.

Si MM. les officiers des bureaux arabes en doutent, nous eur demanderons de lire, de relire et de méditer l'éloquente réponse du cheikh el-Bakkay, marabout, pontife et souverain de Timbouktou aux rois fanatiques de d'Hamd-Allahi qui lui demandaient de leur livrer l'héroïque docteur Barth. Il y a, dans cette sublime profession de foi d'un prêtre musulman, trois mots qui condamnent et doivent faire rougir les adversaires de l'archevêque d'Alger ; ces trois mots les voici : *Je l'aime* CE CHRÉTIEN MON FRÈRE. Et, cependant, le cheikh el-Bakkay est le chef d'une famille qui, depuis des siècles, s'est donnée la mission de convertir les infidèles à l'islamisme et qui compte, dans ses succès apostoliques, des millions de noirs idolâtres devenus musulmans; mais le cheikh el-Bakkay, comme tout bon musulman, distingue entre les chrétiens, ses frères en Dieu et les infidèles, les payens, les idolâtres, réputés ne pas avoir de religion.

Seul, sur les rives du Niger et au delà, le docteur Barth a dû son salut à la foi chrétienne, qu'il a osé affirmer hautement; et le gouvernement militaire de l'Algérie, après trente-huit années d'une occupation appuyée sur 70,000 soldats, sans compter les renforts qu'il peut recevoir de France, croit sa domination ébranlée parce qu'un archevêque donne l'exemple des vertus chrétiennes, parce qu'il ose mettre en parallèle le Coran avec l'Evangile. En vérité, nous nous demandons si notre domination ne serait pas aussi précaire, uniquement parce que le gouvernement de l'Algérie s'efforce trop, sous l'impulsion des bureaux arabes, à démontrer qu'il n'a pas de religion et parce que trop peu, en dehors du gouvernement, osent, à l'imitation du docteur Barth et de l'archevêque d'Alger, affirmer qu'ils sont chrétiens et assez chrétiens pour désirer que tout le monde le soit comme eux.

Mais, revenons aux raisons plus matérielles, plus saisissables par les masses illettrées, ignorantes, qui font que les musulmans distinguent entre militaires et colons.

Les indigènes et les colons ont des femmes, des enfants dont on ne tient jamais compte quand on compare l'influence civile à l'influence militaire.

Nos enfants francais, dans les campagnes, sont élevés pêle-mêle avec ceux des indigènes : ils jouent, ils se chamaillent, ils se battent ensemble, mais ils s'aiment comme des gamins s'aiment toujours entre eux. Comme le fretin, les moutards grandissent, si Dieu leur prête vie, et, quand ils sont devenus hommes, ils se connaissent, ils s'apprécient; et l'on ne voudrait pas que, dans leurs rebellions, les enfants des indigènes élevés avec les nôtres ne distinguassent pas entre un camarade d'enfance et un militaire qu'il ne connaît pas et avec lequel lui et les siens n'ont jamais eu à échanger que des coups de sabre ou de fusil!

Et nos femmes françaises qui sont la providence des femmes arabes à plusieurs lieues à la ronde autour d'elles, on ne voudrait pas que, dans leur sainte mission, elles aient converti quelques-unes de leurs semblables au respect de la famille chrétienne? L'hiver dernier, on a beaucoup admiré Mme de Mac-Mahon, duchesse de Magenta, et l'élite des dames de la société d'Alger, allant au dépôt de mendicité indigène servir la soupe, donner des soins aux malheureux et aux malheureuses victimes de la famine que la police ra-

massait dans les rues et sur les routes; mais, dans les campagnes, les femmes et les filles des colons ont chaque jour
l'occasion d'exercer la même charité, de rendre les mêmes
services et d'appeler sur elles les mêmes sentiments de reconnaissance.

On a beau nier notre compétence dans les questions que
nous abordons, on n'empêchera pas que l'un de nous, médecin, ait vu des femmes de colons prêter assistance aux
femmes arabes en couches et des matrones arabes délivrer
des femmes de colons. Nous pourrions citer les noms, les
lieux, les jours et l'heure. Jamais officier des bureaux arabes
n'a été appelé à pénétrer d'une manière aussi intime dans
les rapports réciproques des colons et des indigènes. Aussi
quand nous affirmons que, dans les insurrections, les révoltés distinguent entre le colon et le militaire, non-seulement
nous proclamons une vérité qui ne peut pas ne pas être vraie,
mais nous ajoutons que, si nous avions seulement un doute
à cet égard, nous aurions le courage de demander l'abandon
de l'Algérie, parce qu'en effet nous n'aurions rien à faire
dans un tel pays si, après trente-huit ans d'occupation, et
de contact incessant entre indigènes et colons, nous n'avions
pas été assez heureux encore pour que la distinction dont
nous parlons soit une éclatante vérité. Mais, — on l'oublie
donc — nous, colons, nous sommes la vie, et les militaires
sont la mort!

Cette vérité on la nie. Qui? Des aveugles qui, pour rester
rois d'un royaume de ténèbres et de moribonds, vont jusqu'à refuser à leurs compatriotes, aux fils de leurs oncles
ou de leurs cousins, le mérite d'être les dignes enfants de la
commune patrie! Mais, précaution inutile, la lumière s'est
faite, et déjà les colons, sans droits civiques, sans droits politiques, sont les maîtres en Algérie; demain ils en seront
les souverains et ce sera leur récompense d'avoir compris
que les *Mosemin*, les résignés, les hommes du *livre de la distinction*, le Coran, devaient, en se résignant au fait de la
conquête, distinguer entre les conquérants et les civilisa-
teurs.

Il y a douze siècles, cette distinction a été faite lors de
la conquête arabe: les Berbères, alors chrétiens, ont repoussé la domination des conquérants, en réfugiant leur
indépendance dans les montagnes ou dans les solitudes des
déserts; mais ils ont accepté la parole de paix des prédica-
teurs du Coran, ils ont consenti à l'établissement des tolba,
des aoulema, des marabouts, au milieu de leurs tribus,
comme aujourd'hui, Arabes et Berbères consentent à l'éta-

blissement, au milieu de leurs douars et de leurs villages, des colons français, des instituteurs, des médecins, des prêtres, des religieuses, des industriels, des commerçants. Probablement, les généraux arabes favorisaient, encourageaient ces rapports pacifiques, tandis que nos généraux modernes, patronent l'isolement, la séparation, la séquestration; mais les colons, comme les anciens apôtres de l'islamisme, franchissent les barrières que leur oppose une politique étrange et ils sont déjà arrivés à ce résultat très grand, que « dans leurs rebellions, les indigènes distinguent entre militaire et colon. »

Ceux qui nient cette vérité, qui la déclarent même impossible, n'ont donc pas lu la brochure du général Lacretelle, ou s'ils l'ont lue, ils n'ont pas cru à ce qu'elle dit des bons rapports des indigènes avec les colons. Cependant le général Lacretelle est un ancien officier des bureaux arabes, et il admire beaucoup cette institution; mais, par son père et par son frère, il a connu les colons, il les a visités dans leurs villages, dans leurs fermes et là, il a pu constater, impartialement, les faits dont il rend témoignage et témoignage précieux, car on ne peut craindre qu'il plaide *pro domo sua.*

Voici ce que dit le général :

Page 16 : « Les établissements des Européens, *souvent isolés au milieu des tribus*, n'y souffrent de leur part aucun dommage et un colon peut voyager, *seul et sans crainte*, dans le pays, passant avec confiance les nuits dans la tente dont il aura réclamé l'hospitalité.

» C'est un fait surtout bien digne de remarque, qu'en ce moment même, où les Arabes subissent chaque jour les tortures de la faim, les attentats contre la vie et la propriété n'aient lieu cependant que *d'indigène à indigène*, tandis que les maisons de l'Européen, ses jardins, ses greniers, parfois remplis de grains et si bien faits pour tenter des affamés, continuent à être respectés. »

Le général, en sa qualité de militaire, attribue la sécurité exceptionnelle dont jouit le colon, au prestige du gouvernement militaire, sans faire attention que les attentats d'indigène à indigène sont poursuivis, reprimés et punis avec non moins de sévérité que ceux d'indigènes à Européens.

Nous lisons encore :

Page 33. « Il n'y a guère de fermes qui ne soient flanquées de quelques tentes arabes.

Page 52. « Il est remarquable de voir le degré de confiance, *d'intimité même*, qui s'est établi si promptement entre les indigènes et les colons avec lesquels ils sont en relations journalières. »

Mais voici un fait qui vaut mieux que des impressions. Il est raconté par le général, pages 22, 23 et 24 de sa brochure.

Nous abrégerons son récit :

En 1852, débarquent à Oran, trente familles d'Allemands manquant des ressources premières. On leur assigne comme territoire à coloniser celui de Sidi-Lhassen, dans la banlieue de Sidi-bel-Abbès.

Bel-Abbès était alors administré militairement. Le commandant de la subdivision donne à chacune de ces trente malheureuses familles : une tente, la ration de vivres du soldat, les ustensiles de campement nécessaires à la cuisson des aliments et fait camper dans le voisinage deux compagnies d'infanterie, pour leur construire des gourbis (chaumières) et les aider dans le défrichement des lots de jardins et de grande culture.

Les indigènes des environs, apprenant que ces nouveaux colons sont de pauvres immigrants étrangers, chassés de leur pays par la misère, veulent aussi concourir à la généreuse hospitalité du gouvernement français et, deux jours après l'arrivée, ils donnent à chaque famille : un âne pour porter l'eau et le bois, deux chèvres pour le lait, des poules, de la laine à filer, du beurre et du miel pour la consommation de l'année. De plus, ils prennent l'engagement, — qu'ils tiennent, — de labourer et ensemencer leurs terres et même de couper et battre la récolte.

L'année suivante, la récolte ayant été bonne, des maisonnettes remplaçaient les chaumières, et aujourd'hui il y a à Sidi-Lhassen, 635 habitants, logés dans de bonnes maisons, au milieu de beaux vergers et de terres en plein rapport.

En 1865, une personne qui y passait, — probablement le général, — voulut remettre au curé quelque argent pour ses pauvres et il apprit de lui, que non-seulement il n'y avait pas de pauvres dans sa paroisse, mais encore qu'il ne trouverait pas à y faire emploi d'une aumône.

Le général, toujours en sa qualité de militaire, n'attribue ce résultat qu'au concours de l'armée. Nous devons donc lui apprendre, qu'à peu près à la même époque, d'autres étrangers, aussi malheureux que les Allemands de Sidi-Lhassen, débarquaient dans les provinces d'Alger et de Constantine, qu'on les installa en territoire civil et qu'ils sont aujourd'hui dans des conditions aussi prospères que ceux dont il cite l'exemple. Il n'a qu'à aller à Berbessa, sous Koléah, pour s'assurer du fait.

Nonobstant, il y a dans le cas particulier de Sidi-Lhassen, un concours indigène que le général a bien raison de nous faire connaître, car il témoigne, au plus haut degré, de la faveur dont jouit la colonisation européenne au milieu du peuple indigène, bien que, dans l'intérêt des indigènes, dit-on, les officiers des bureaux arabes cherchent à en arrêter le développement le plus possible.

Avant de quitter ce chapitre sur les rapports des colons avec les indigènes, nous voulons montrer aux incrédules que nous n'avons pas besoin de la protection d'un gouvernement militaire, au degré où l'on dit, pour nous faire respecter des indigènes quand nous sommes isolés au milieu d'eux, loin de toute protection armée, et que la colonisation doit bien avoir son prestige propre, pour qu'elle puisse s'être établie, là où elle est, sur tous les points de l'Algérie. Nous nous efforcerons de rendre intelligible et attrayante, sinon instructive — car elle l'est de sa nature — la longue nomenclature des établissements isolés qui va suivre.

IV

Aux deux extrémités est et ouest de l'Algérie, à 1,128 kilomètres l'un de l'autre, on trouve deux établissements fondés par deux compagnies concessionnaires de mines de plomb, l'une à Kef-Oum-Et-Teboul, à 8 kilomètres de la frontière de Tunis, en face de tribus presque indépendantes du Bey notre voisin ; l'autre à Gar-Rouban, à 4 kilomètres de la frontière du Maroc, dont les habitants, on le sait, à l'exception de ceux du territoire d'Ouchda, ne reconnaissent l'autorité d'aucun pouvoir régulier. A Kef-Oum-Et-Teboul et dans quelques fermes voisines isolées on compte 154 habitans exclusivement Européens. A Gar-Rouban, la population s'élève à 992 âmes dont 487 Français et 284 étrangers. Ces deux points se protègent et se défendent eux-mêmes.

Sur la frontière sud, en plein Sahara, à 319 kilomètres du littoral où sont nos principaux établissements militaires, est la colonie de Biskra composée de 179 Français et de 27 étrangers. Ordinairement Biskra a une garnison protectrice, mais en 1867 et pendant trois semaines la garnison a quitté son poste, pour cause d'insalubrité et a abandonné la colonie à elle-même, sans qu'il en soit résulté aucun danger pour elle, malgré son isolement au milieu des masses arabes, oasiens et nomades qui les environnaient. En 1867, on y respecta les colons sans soldats; en 1844, on y avait massacré la première garnison sans colons.

Sur la même frontière, également dans le Sahara ou dans la région des steppes, sont encore trois colonies : Laghouat avec 174 Français et 57 étrangers, Djelfa avec 132 Français et 71 étrangers, Geryville avec 32 Français et 3 étrangers, la première à 448 kilomètres de la mer, la seconde à 335 et la troisième à 326. Ces colonies sont, il est vrai, protégées par des troupes; mais quand il y a lieu pour leurs habitans, presque tous commerçants, d'aller au port d'approvisionnement de marchandises — ce qui arrive souvent — personnes et biens sont à la discrétion des indigènes sur d'immenses parcours et cependant le va-et-vient est continuel et ce n'est certainement pas la protection militaire immédiate qui assure la sécurité. Sous la garantie de l'autorité militaire, M. le marquis Du Mesgnil et M. l'ingénieur Molard ont été assassinés en 1864, entre Boghar et Laghouat.

Ces points extrêmes d'une superficie de 1,128 kilomètres en longueur et de 448 kilomètres en largeur indiquent sur quel immense espace — a peu près la moitié de la France — se développe l'activité de 250,000 colons parmi lesquels les femmes et les enfants dominent, et il n'est pas un point de tout cet espace qui n'ait été l'objet de l'investigation de quelque colon, un marché où il ne se soit présenté, soit comme vendeur, soit comme acheteur; enfin il n'est pas une localité où il ait pu s'établir utilement sans qu'un établissement, temporaire ou durable, ne soit venu prouver qu'il ne redoutait ni l'isolement au milieu des indigènes, ni les dangers auxquels sa vie et sa fortune pouvaient être exposés. Hâtons-nous de le dire, il y a peu d'exemples d'insuccès dans ces actes de témérité.

Nous ne pouvons, dans un travail de polémique, donner la statistique de tous les établissements dissiminés sur une superficie de 14 millions d'hectares, si grand que soit l'intérêt de la colonisation à démontrer que l'isolement au milieu des tribus indigènes n'a jamais arrêté les colons. Pareille nomenclature nous entraînerait dans des développements trop considérables. Nous nous bornerons donc, pour les provinces de Constantine et d'Alger, celles où les indigènes sont plus pacifiques, à des indications sommaires; nous entrerons dans plus de détails pour la province d'Oran, parcequ'elle est celle où les insurrections ont été les plus fréquentes, celle où le voisinage du Maroc crée le plus de dangers à nos établissements. Par la province où il y a eu le plus de difficultés à vaincre, où la colonisation dispose de moins de terres et où elle est moins ancienne, les lecteurs jugeront des deux autres.

Tout le monde le sait, la province de Constantine, presque égale en superficie et en population aux deux autres, présente de grandes divisions physiques qui en rendent l'étude facile :

Au nord, sur le littoral, une zone montagneuse, parallèle à la mer ;

Au centre, une plaine immense qui s'étend de la frontière de Tunis aux Biban ou *Portes de fer*, sur une étendue de 350 kilomètres, de l'est à l'ouest ;

Au sud, entre le Tell et le Sahara, une seconde zone montagneuse, plus large dans l'est que dans l'ouest, à laquelle on donne communément le nom de chaîne aurassique, de son massif principal, l'Aurès ;

Plus au sud, le Sahara avec les oasis qui en dépendent.

La presque totalité du versant maritime de la zone montagneuse du littoral est occupée par des forêts et dans ces forêts, appartenant à l'Etat, se trouvent une grande partie des 123,000 hectares de chênes-liége aujourd'hui en exploitation ; de sorte que, de distance en distance, de la frontière de Tunis à Bougie, il n'y a que des établissements isolés au milieu des indigènes et, qui pis est, au milieu des bois, loin de toute protection militaire. Souvent, dans ces exploitations, il n'y a que quelques Français : un directeur, des contre-maîtres et des gardes, pour faire travailler des centaines d'ouvriers kabyles.

En 1865, sur quinze concessions incendiées, les dépenses en capital et intérêts s'élevaient à près de 9 millions. On voit donc que les capitalistes français, ordinairement si prudents, ne redoutent pas l'isolement au milieu des indigènes.

Les principales de ces exploitations ont pour propriétaires :

MM. de Montebello et Du Bouchage, dans le cercle de La Calle

MM. Besson et Cie, Bure, Gary et Cie, Berthon-Lecoq, dans le cercle de l'Edough ;

MM. Lucy et Falcon, Feuilherade, Gaultier de Claubry, De Cès-Caupenne, Martineau des Chenetz et Cie, dans le cercle de Jemmapes ;

M. Chappon, dans le cercle de Philippeville ;

MM. Dutreih, De Robiac, Besson-Lecousturier, De Lesseps, Lacombe, Ve Rigodit, Jubinal et Kuneman, Sarlin fils et Galliera, dans le cerle de Collo ;

MM. Grok, Sallandrouze, Causon, dans le cercle de Miliah ;

MM. Bonnard, Brock, Duprat, dans le cercle de Djidjelli;

M. Chabannes du Peux, dans le cercle de Bougie.

Dans la plaine centrale, nous trouvons partout, de l'est à l'ouest, du nord au sud, des établissements isolés au milieu de toutes les tribus, savoir :

Soixante-six fermes, dont la valeur des constructions et du matériel agricole varie de 10,000 francs à 250,000 francs; pour chacune d'elles;

Quarante-deux moulins à farine, parmi lesquels on en compte d'une valeur de 100,000 francs et même 200,000 francs;

Quatorze auberges échelonnées sur les routes aux principaux gîtes d'étapes.

Sur ces cent vingt-deux établissements, il y en a qui sont à 40 et à 50 kilomètres de tout point d'où l'on pourrait venir à leur secours.

Parmi les plus excentriques de ces établissements nous citerons :

A Beccaria, à 2 kilomètres de la frontière tunisienne, un moulin à farine appartenant à M. Rosario ;

Sur la tête de l'Oued-Meskiana, à 25 kilomètres du poste d'Aïn-Beïda et 50 kilomètres de Tebessa, deux moulins à blé appartenant l'un à M. Debard et l'autre à M. Chassaing et distants de 16 kilomètres l'un de l'autre ;

Sur l'Oued-Cherf, à 43 kilomètres nord d'Aïn-Beïda et à 58 kilomètres sud de Guelma, un moulin d'une valeur de 90,000 francs à M. Rochefort;

A Aïn-Fekroun, (60 kilomètres de Constantine et d'Aïn-Beïda) une auberge à M. Rouvier;

A Aïn-Fesguia et à Aïn-Kercha, (40 kilomètres de Constantine) deux moulins à MM. Zamit et Grec ;

A mi-chemin de Constantine à Batna, deux auberges, l'une à M. Bourbier, l'autre à M. Boutinelli ;

Sur l'Oued-Segguenne, à 40 kilomètres de Constantine, un moulin d'une valeur de 150,000 francs à MM. Jouanolo et Compagnie :

Sur le Ras-Mehirah, à 50 kilomètres de Constantine et de Batna, un moulin à Mme veuve Dormoy;

A Aïn-Melloul, 22 kilomètres sud de Sétif, le moulin et la ferme de M. Mutafone ;

A Oued-Meris et à Mansoura, 17 et 22 kilomètres ouest de Bordj-bou-Areridj, divers Européens.

Dans la chaîne aurassique, où nous n'avons qu'un seul établissement militaire, celui de Batna, où il n'y a encore qu'une seule route, celle de Constantine à Biskra par Batna, les établissements civils sont moins nombreux que dans la plaine centrale et dans la zone montagneuse du littoral ; cependant il y en a et nous citerons entre autres :

Un moulin à farine près d'Aïn-Khrenchela, à 91 kilomètres est de Batna, moulin d'une valeur de 20,000 francs tenu par deux Européens ;

Un moulin sur l'Oued-Soutels, à 28 kilomètres est de Batna, appartenant au caïd Bou-Diaf, mais exploité par une famille européenne ;

Une ferme, à 20 kilomètres nord-est de Batna, d'une valeur de 50,000 francs, appartenant à M. Chassaing et exploitée par dix colons ;

Une ferme et un moulin, sur l'Oued-Chabat, à 22 kilomètres ouest de Batna, appartenant à M. Aurère, qui a consacré 60,000 francs à leur construction et qui les exploite au moyen de deux familles de colons ;

Une scierie, d'une valeur de 40,000 francs, appartenant à M. Sellerin et située dans la forêt des Cèdres ;

Une scierie, sur l'Oued-Barakta, à 20 kilomètres ouest de Batna, d'une valeur de 200,000 francs, appartenant à M. Prudhomme qui y emploie cent cinquante ouvriers européens ;

Un moulin à farine, à Aïn-Zana, à 39 kilomètres nord-ouest de Batna, appartenant à M. Arnaud qui a consacré 25,000 francs à cette création ;

Un moulin, d'une valeur de 80,000 francs, au centre du massif du Bel-Lezma, à 68 kilomètres nord-ouest de Batna ;

Enfin, une ferme à Aïn-Azel, à 15 kilomètres ouest du précédent établissement et exploitée par des colons européens.

Au sud de la chaîne aurassique, dans les steppes ou dans les oasis sahariennes nous trouvons encore des colons :

Dans l'oasis de Msila, 10 Européens au milieu de 500 indigènes ;

A Bou-Saâda, 78 Français et 25 étrangers au milieu d'une ville musulmane ;

Dans les oasis du Ziban, à 317 kilomètres de la côte, 200 colons qui, pendant trois semaines, en 1867, ont été abandonnés à eux-mêmes par suite de l'évacuation momentanée de la garnison de Biskra.

Ainsi, dans la province de Constantine, le nombre des colons disséminés, dispersés, éparpillés est presque égal à ceux qui sont agglomérés.

Il en est de même dans la province d'Alger, plus encore à raison du plus grand développement qu'y a pris la colonisation.

Ici, il y a impossibilité d'énumérer, tant le nombre des établissements est considérable.

Dans la Kabylie du Djerdjera, la dernière partie soumise de l'Algérie et jusque-là indépendante, il y a des moulins à huile exploités par des Européens à peu près dans tous les cantons producteurs d'olives. On pourrait presque dire que ces établissements y ont précédé la conquête.

Partout ailleurs, on trouve des moulins à farine dans la plupart des tribus ; des auberges sur toutes les routes ; des chantiers de travailleurs : bucherons, charbonniers, résineurs, scieurs de long, carriers, chaufourniers, briquetiers, mineurs, là où des bras sont réclamés par les entrepreneurs ou les chefs d'industrie ; bientôt, de dix en dix kilomètres, des maisons de gardes ou des gares, sur tout le trajet du chemin d'Alger à Oran (400 kilomètres environ) vont attester de nouveau et d'une manière plus victorieuse, la facilité de cohabitation des colons au milieu des indigènes.

Nous passons donc par-dessus cette province pour arriver à celle d'Oran et dans cette dernière nous négligerons toute la partie sise à l'est du méridien d'Oran qui se confond avec la province d'Alger et à laquelle le chemin de fer d'Oran à Relizane et bientôt d'Oran à Alger donne une physionomie qui la rapproche de celle des pays civilisés.

Parcourons à vol d'oiseau les confins de cette province, du moins ceux où la prudence peut paraître devoir être recommandée, soit à raison de l'impuissance des postes militaires à protéger les colons, soit à raison du caractère belliqueux des populations indigènes.

FRONTIÈRE MARITIME A L'OUEST D'ORAN

La distance entre Oran et Nemours est de 220 kilomètres et, entre ces deux points, il n'y a ni postes militaires, ni routes, ni chemins ; cependant la colonisation en comble, à de grandes distances, les intervalles.

Voici, de l'est à l'ouest, les établissements isolés qu'on y compte :

Au cap Lindlès, quatre fermes d'une contenance totale de 9,000 hectares, représentant, valeur d'achat, de constructions et d'aménagement, une somme de 300,000 francs environ et appartenant à MM. Morgan, Blancho, Buès et Virgetti ;

Au cap Sigale, une ferme de 200 hectares, d'une valeur de 25,000 francs, provenant d'une concession faite à MM. Ollivier ;

A Sidi-Ali-ben-Nouar, une carrière de serpentine concédée à

M. Delmonte et une porcherie établie dans ce quartier depuis 1850 par M. Brunot;

A Mzaïta, mines de cuivre, où M. Pedeucoig a entrepris des recherches d'exploration depuis 1854 ;

Sur la rive droite de l'Oued-Melah, la ferme de Terga, d'une contenance de 400 hectares, appartenant à M. Dupuy, médecin à Oran et affermée par lui 8,000 francs à des colons;

Sur l'Oued-Ghazer, la mine de fer exploitée par MM. Cohen et Guès qui pensent pouvoir livrer prochainement 30,000 tonnes de minerai par an au commerce d'exportation ;

A l'embouchure de la Tafna, barraquement de pêcheurs et d'acheteurs de grains, y installés avec la permission de l'autorité militaire de Tlemsen ;

Sur la rive gauche de la Tafna, carrières et fours à plâtre exploités par M. Honoré Ghrozel ;

A Oued-Tiab, affluent de la Tafna, porcherie appartenant à MM. Fleury et Loustalot ;

Au confluent de la Tafna et de l'Isser, un moulin établi en 1858 par un ancien sous-officier du 2e chasseurs d'Afrique.

L'histoire de ce sous-officier, devenu meunier, doit être racontée :

En 1857, il adressa à l'autorité militaire supérieure de Tlemsen une demande à l'effet d'obtenir la concession d'une chute d'eau et du terrain nécessaire pour y élever un moulin. N'ayant reçu aucune réponse en 1858, il se mit à creuser un canal de dérivation sur la Tafna et installa ses meules sous une tente. Il fabriquait de la farine, lorsque le ministre de la guerre, auquel ce sous-officier s'était adressé, donna l'ordre de faire droit à sa demande. On y fit droit, parce qu'il y avait fait accompli et ordre du ministre. Mais ce sous-officier avait comme aide un frère de vingt et un ans, pour lequel on avait tiré un mauvais numéro en France. Le lendemain du jour où l'ordre ministériel de mettre le meunier en possession était arrivé à Tlemsen, la gendarmerie venait enlever le jeune frère au moulin, quoiqu'il fut malade et, le soir, il était incorporé dans un régiment. Huit jours après, il partait pour l'armée d'Italie où il mourut de fatigue au bout de deux mois. Cet exemple prouve au moins que les colons ne sont pas exempts de la conscription comme on le dit, quoique celui dont nous parlons, malade, faible de constitution, rendant sur la Tafna plus de services qu'un soldat, se trouvât dans des conditions d'exemption dont on aurait bien dû tenir compte.

Pendant l'insurrection de 1859-1860, ce meunier, seul avec un domestique indigène, n'a été nullement inquiété par ses voisins.

Sur la rive droite de l'Isser, non loin de ce moulin, se trouve la ferme d'El-Faoul, de 600 hectares, appartenant à M. Fritz Glockner brasseur à Tlemsen, qui, dit-on, y a dépensé 120,000 francs en constructions, plantations et travaux divers. Vingt mille pieds d'oli viers ont été plantés par le propriétaire et ils ont parfaitement réussi.

A Mechra-Guedara, sur la Tafna et sur la route de Tlemsen à Nemours, est un caravansérail tenu par un Européen et sa famille.

Tous ces établissements ne sont protégés que par leur influence morale sur leurs voisins indigènes, car la protection militaire est bien éloignée d'eux, quoique nous ne la considérions pas comme nulle, bien entendu.

FRONTIÈRE DU MAROC

Sur cette frontière, exposée aux invasions de tribus presque indépendantes et sur un parcours de 80 kilomètres, on compte une trentaine d'établissements civils isolés, savoir :

Au sud de Nemours, entre le territoire civil et l'Oued-Saïmia, deux moulins à eau et plusieurs fermes à une trop grande distance les uns des autres pour pouvoir se protéger mutuellement ;

A Nedroma, au milieu d'une bourgade indigène, M. Faure, directeur de l'école arabe-française ; un aubergiste qui y est établi depuis quinze ans ; un forgeron espagnol ;

A Bab-Taza, une ferme et une auberge tenues depuis quinze ans par M. Sahut aîné ;

A Aïn-Tolba, un caravansérail tenu par M. Sahut jeune ;

A El-Maziz, mines longtemps exploitées par la compagnie Dervieu, aujourd'hui abandonnées à cause de la pauvreté des filons — constructions considérables — à 20 kilomètres de la frontière ;

Sur l'Oued-Mouilah, moulin à eau construit en 1854 par M. Laboissière, aujourd'hui exploité par M. Diovada ;

Autour de Lala-Maghrnia, plusieurs fermes, entre autres celle de M. Perol où les travaux de toutes natures représentent une valeur de 60,000 francs, bien que la distance à la frontière ne soit que de 16 kilomètres ;

A Sidi-Zaher, un caravansérail tenu par un Européen à 2 kilomètres du territoire marocain ;

A Gar-Rouban (1), établissement central de la compagnie Der-

____

(1) Dans une *Note sur les mines de Gar-Rouban*, publiée en novembre 1858, nous lisons ceci :

« L'administration ne nous a aidés en rien : elle n'a fait pour nous aucune route, aucune enceinte, aucune fontaine ou abreuvoir, ni vieu, dont nous avons déjà parlé et dont le matériel et les constructions sont estimés à plus de deux millions;

A Abla, mines de plomb argentifère, longtemps exploitées, aujourd'hui abandonnées par suite des difficultés de transport des produits au port d'embarquement;

Abla et Gar-Rouban sont à 3 et à 4 kilomètres de la frontière.

Dans l'insurrection de 1859, les colons de Gar-Rouban ont repoussé victorieusement et sans aucun secours extérieur les attaques des insurgés pendant trois jours.

Sur cette frontière, nous avons aussi à compter les postes de douanes, non fixes, variables chaque jour et chaque nuit, où quelques hommes embusqués protègent notre commerce contre la contrebande étrangère.

LIMITE DU TELL ET DU SAHARA

Dans la province d'Oran cinq groupes d'établissements coloniaux sont établis sur la limite du Tell et du Sahara, sur une étendue de 400 kilomètres, entre la frontière marocaine et Tiaret; nous allons les passer successivement en revue.

Groupe de Sebdou. — Le poste militaire compte 62 colons dont 53 Français, commerçants et industriels. Un village agricole y est projeté; depuis plusieurs années, l'allotissement de ce centre est indiqué par un jalonnage et quoique les solliciteurs de concessions ne manquent pas, un seul colon, ancien douanier, a obtenu l'autorisation d'y construire.

Dans ce groupe, on compte:

Les mines de plomb argentifère de Tleta, dans les mêmes conditions que celles d'Abla;

église, ni caserne et pourtant notre village est un des plus populeux, des plus pittoresques et des plus florissants. Il a fallu tout créer avec les fonds de la Compagnie.

» La Compagnie a fait construire, pour son installation, une espèce de redoute, dans laquelle se trouvent le logement des employés, les magasins, les écuries, la poudrière, les ateliers de forge et de menuiserie. En cas d'attaque ou de soulèvement, toute la population pourrait s'y réunir, mais cette supposition n'est pas admissible.

» L'administration algérienne n'est intervenue, dans le sort de l'avenir de Gar-Rouban, que pour lui refuser quelques parcelles de terre, dont l'obtention aurait pu devancer ou assurer cet avenir. »

Faute de terres, même pour cultiver des légumes, on est obligé de les faire venir ou de Tlemsen à vingt lieues ou de Ouchda (ville marocaine) à cinq lieues. En 1855, par suite du manque de légumes frais, la population a été frappée d'une espèce de maladie scorbutique. Depuis, on s'en est procuré en les payant quatre ois ce qu'ils valent; ils ne sont jamais frais et assez souvent pourris.

Le moulin à huile et à farine des Beni-Snouss, construit en 1854 par M. Manégat, négociant à Oran, vendu depuis à l'agha des Beni-Snouss, mais administré par des Européens;

Un barraquement de bouchonniers exploitant les liéges de la forêt d'Aïn-Afir;

Deux barraquements de bûcherons et de charbonniers dans la forêt de Sebdou;

Le moulin de M. Lessec, aux sources de la Tafna.

Ces établissements sont : le premier à 30, le second à 24, le troisième à 14, les quatrième et cinquième à 12, le sixième à 5 kilomètres du poste militaire de Sebdou.

Groupe de Daya. — Dans ce groupe, situé à 70 kilomètres sud de Sidi-Bel-Abbès, on compte les habitants du poste militaire, ceux du hameau d'Oued-Telagh à 18 kilomètres au nord de Daya et une vingtaine de fermes isolées. La population totale est de 93 âmes dont 83 Français.

Groupe de Saida. — Sur un périmètre de 1,800 hectares, il comprend quatre cent maisons agglomérées, trente fermes et trois moulins isolés, plus des exploitations de forêts également hors de la protection militaire.

Malgré son éloignement de la mer, (175 kilomètres) ce groupe de colonisation est en pleine voie de prospérité.

Groupe de Frenda. — Il se borne à quatre établissements européens: une maison de commerce, une boulangerie, une forge et une école arabe française, le tout perdu à 195 kilomètres dans l'intérieur au milieu d'une agglomération indigène assez considérable. D'autres établissements s'y seraient fondés, si l'autorité militaire l'eût permis.

Groupe de Tagdemt. — Ce groupe situé à 180 kilomètres d'Oran et à 30 kilomètres de toute protection militaire comprend une douzaine de fermes isolées, à une assez grande distance les unes des autres. Dans l'une de ces fermes, celle de M. Bourderou, on élève les chevaux qui tous les ans remportent les premiers prix aux concours provinciaux.

Groupe de Tiaret. — Les anciens habitants d'Alger doivent se rappeler l'histoire d'un colon nommé Long, qui, il y a près de vingt ans, vint camper sur la place du gouvernement avec un char, portant sa famille et sa fortune, et traîné par quatre bœufs. Il arrivait de Tiaret, ayant fait près de cent lieues, à travers champs, pour venir réclamer au gouverneur général contre une décision du commandant supérieur de cette localité qui en interdisait l'entrée. Long, par son énergie, força la porte et, un à un, malgré toutes les résistances militaires, les colons sont arrivés à faire de Tiaret une ville de 1,425 habitants récemment érigée en chef-lieu d'un commissariat civil, siége d'une justice de paix et centre d'un commerce considérable, bien que la localité soit située à 219 kilomètres d'Oran et à 160 de Mostaganem. Sur son territoire qui embrasse 4,517 hectares, il y a 34 fermes et 22 hectares de vignes en plein rapport. A Tiaret, les colons ont prouvé qu'ils ne connaissaient pas d'obstacle et qu'ils savent très bien discerner les bons endroits des mauvais.

L'insurrection de 1864, bien que la plupart des tribus environnantes y aient pris part, n'a pas arrêté un seul instant le développement de Tiaret. Elle lui a fait un tort passager, réparé depuis par un redoublement d'activité.

La presse algérienne, si peu en faveur près du gouvernement militaire, a contribué pour une grande part au développement de la colonisation à Tiaret. Nous constatons volontiers ce service rendu au pays.

Dans le quadrilatère dont nous venons de parcourir trois des côtés limites, les intervalles ne sont pas vides de colons. Comme dans les autres provinces, on y trouve, au milieu des tribus, des fermes partout où la prise de possession du sol a été possible, des exploitations de carrières et de bois dans les lieux favorables, des moulins à farine et à huile, là où leur construction a été permise, enfin des auberges ou des caravansérails sur toutes les routes, à tous les gîtes d'étapes et souvent sur les points intermédiaires.

Au centre, comme sur la circonférence, dans les établissements isolés, le nombre des habitants européens est toujours peu considérable : quelques hommes, des femmes et des enfants.

Sur toutes les routes circulent, de nuit comme de jour, des chars attelés de bœufs et chargés des produits des récoltes qu'on conduit aux marchés, des voitures particulières avec un ou deux voyageurs, de nombreuses diligences qui font un service régulier entre tous les principaux points d'occupation ; et cependant les attaques sont très rares.

Depuis la fin de la guerre, c'est-à-dire depuis 1847, dans toute l'Algérie, on n'a conservé le souvenir que d'une seule attaque de diligence, celle de Tlemsen à Oran et encore la responsabilité de cette unique exception incombe-t-elle, non à des coupeurs de route indigènes, non à des malfaiteurs européens, mais à un officier des bureaux arabes, au capitaine Doisneau, qui voulant empêcher un chef indigène de se rendre à Oran, où il aurait pu par ses dénonciations nuire à son avancement, est allé, de nuit, avec le concours d'hommes sous ses ordres, couper la route, arrêter la diligence, et assassiner le bach-agha des Beni-Snouss, son interprète et un très honorable négociant d'Alger qui malheureusement se trouvait dans la même voiture.

Nous nous serions abstenus de rappeler ce triste et ignoble

guet-apens, si le principal coupable, condamné à mort comme il le méritait, n'avait trouvé, dans son titre d'officier des bureaux arabes, un appui qui lui permet aujourd'hui d'affronter librement l'opinion publique et d'étaler avec cynisme sa honte partout où l'on est habitué à honorer l'officier sorti des rangs de l'armée française.

Notre but, en constatant que la colonisation a envahi, un à un, malgré les obstacles qu'on a pu lui susciter, tous les points du Tell algérien, n'est pas de nier la part qui revient à l'armée et même aux bureaux arabes dans la sécurité relative dont les colons jouissent ; notre intention est d'établir que le peuple indigène ne repousse pas la colonisation ; qu'au contraire il est le premier à apprécier le mérite d'établissements qui, sans le gêner, lui procurent presque toujours de grands avantages de main-d'œuvre, de placement ou de transformation de ses produits, quand ils ne lui donnent pas, comme dans les territoires civils où la colonisation est plus dense, des moyens efficaces d'échapper à la misère, à la famine et à la mort.

Les moulins à farine construits par les colons dans les tribus sont pour elles de véritables établissements de bienfaisance, car non-seulement ils ont affranchi les femmes du travail de tourner la meule avec leurs bras, mais encore, en des années comme celles de 1867, 1868 et même 1869, ils jouent le rôle de greniers d'abondance, tout meunier étant quelque peu marchand de blé et de farine. Une grande partie des blés importés en Algérie, en ces dernières années, a été vendu dans l'intérieur des tribus par l'intermédiaire des meuniers qui s'y trouvent et, grâces à eux, beaucoup d'indigènes ont échappé au manque absolu de denrées alimentaires.

Les moulins à huile perfectionnés des Européens ont fait doubler, au profit presque exclusif des indigènes, la valeur des récoltes des oliviers.

Les auberges, hôtelleries, caravansérails disséminés sur toutes les routes sont non moins utiles aux indigènes, car s'ils n'y prennent jamais ni un lit, ni un repas, ils y vendent une foule de produits sans emploi jusques-là et y trouvent, sans déplacement, bien des choses qui leur manquent.

Quant aux établissements qui ont pour objet spécial l'exploitation des produits naturels du sol : mines, carrières, forêts, ils sont une véritable providence pour les indigènes, en répandant chez eux, par le salaire de leurs services, une grande aisance.

Alors, il ne doit pas être étonnant que les indigènes distinguent entre militaires et colons.

En constatant combien la colonisation est disséminée et en appelant l'attention des grands corps de l'Etat sur un fait aussi capital, nous mettons en relief l'utilité de la mesure proposée par l'Empereur de reporter dans l'intérieur et notamment sur la limite frontière du Tell et du Sahara, la plus grande partie des forces de l'armée aujourd'hui concentrées sur le littoral ; en même temps nous reprochons implicitement au gouvernement militaire de l'Algérie son peu d'empressement à protéger les colons, mission qui est bien plus la sienne que de gouverner. En cela, les faits sont plus puissants que tous les arguments.

Si la frontière du Tell et du Sahara était occupée comme l'Empereur recommande qu'elle le soit ; si deux colonnes mobiles par chaque province parcouraient incessamment le territoire des tribus comme le recommande encore l'Empereur ; si le personnel de la gendarmerie était porté au chiffre proportionnel de France, ainsi qu'on l'a réclamé à la tribune du Corps législatif, l'influence de la force matérielle viendrait s'ajouter à la part incontestable de la force morale des colons, pour donner aux établissements civils isolés au milieu des tribus une sécurité qui contribuerait à leur développement ; mais jusque-là nous sommes parfaitement autorisés à prétendre que le colonisation se garde elle-même et que, en beaucoup de points, elle sert d'avant-poste et d'éclaireur à l'armée.

Nous regrettons d'être dans la nécessité de rappeler au gouvernement militaire de l'Algérie que son premier devoir, avant de se poser en arbitre suprême des destinées des colons, est de les protéger efficacement, but qui serait atteint si la série des mesures proposées par l'Empereur dans le troisième chapitre de sa *Lettre* de 1865 avait été prise en considération comme elle devait l'être.

La conclusion logique de tout ce chapitre est que le gouvernement de l'Algérie n'est pas aux mains de ceux que l'expérience démontre être les plus aptes à assurer notre domination sur les indigènes.

EXÉCUTION DU SÉNATUS-CONSULTE DE 1863

Constitution de la propriété indigène.

Ici, nous sommes en plein domaine des bureaux arabes, domaine considérable, dans lequel, d'après nous, on taille bien plus un royaume arabe sur la base aristocratique de la féodalité, qu'on n'exécute la pensée fondamentale du législateur. Cette pensée était de rendre le sol matière commerciale, afin d'affranchir la colonisation de la tutelle de l'Etat et de lui permettre, à l'avenir, d'acheter la terre nécessaire à son développement, au lieu d'avoir, comme par le passé, à la demander gratuitement à l'administration sous forme de concessions très onéreuses.

Dans notre quatrième lettre à M. Rouher, nous dénoncions les errements, contraires à ceux de 1863, que l'on suit depuis 1865 et nous signalions l'inexécution de l'article 15 du règlement d'administration publique, relatif à l'établissement des matrices foncières, comme pivot des modifications apportées à l'esprit et à la lettre de la loi. Une réponse à nos observations devait être exigée, si ce n'est par S. Exc. M. le ministre d'Etat, du moins par M. le maréchal, duc de Magenta qui, en sa qualité de gouverneur général de l'Algérie, est responsable de la stricte exécution des lois dans son gouvernement. Nous ne doutons pas que M. le maréchal de Mac-Mahon, dont la grande loyauté est connue, n'ait été très ému des révélations inattendues de notre quatrième lettre à M. le ministre d'Etat et qu'il n'ait, lui-même, demandé des explications à ceux qui mettent ainsi sa responsabilité à découvert. La réponse qui nous est faite dans le *Constitutionnel* nous paraît bien plus le résumé d'explications de subordonné à supérieur qu'une réfutation de nos arguments par des publicistes vis-à-vis d'autres publicistes. Nécessairement, les explications à donner étaient embarrassantes et la réponse s'en ressent ; on s'est tiré d'embarras en secouant la bouteille à l'encre pour augmenter l'obscurité, on a répondu à bâtons rompus, sans ordre, sans méthode, en touchant bien un peu aux objections soulevées, mais en abordant plus volontiers d'autres questions, enfin en faisant quelques aveux, mais toujours en cherchant plus à embrouiller qu'à éclairer la situation.

Notre réplique se ressentira un peu du manque d'ordre de nos adversaires, car nous les suivrons pas à pas ; toutefois, nous nous efforcerons de rendre clair ce qu'ils ont voulu obscurcir. Beaucoup de points de détail sont discutés ; nous devrons donc appeler et maintenir l'attention de nos lecteurs sur ces détails ; nous leur en demandons pardon, mais l'intérêt de la cause algérienne exige que la vérité, toute la vérité, soit connue, protégée contre l'erreur, proclamée au grand jour : il s'agit de savoir si, à la manière dont on exécute le sénatus-consulte, la colonisation aura des terres, quand elle en aura, ou si les colons de l'Algérie doivent songer à aller en demander à d'autres pays où il n'y a pas de bureaux arabes. Le sujet est donc très sérieux et très grave.

I

Nous avions dit :

« Le Tell compte 758 tribus, 2,471,640 habitants, 14,729,738 hectares, qui doivent être soumis à l'application du sénatus-consulte de 1863 ; de 1863 au 1ᵉʳ novembre 1867 on a délimité et réparti en douars 132 tribus, 359,546 habitants, 1,882,119 hectares ; à cette vitesse dont on paraît satisfait, il faudra jusqu'au 1ᵉʳ novembre 1886, pour que la délimitation totale des tribus et leur répartition en douars soit complète. »

Le *Constitutionnel* nous promet que tout sera terminé au plus tard en 1873. Voici sur quoi il fonde sa promesse :

« En 1867 on a délimité 96 tribus. Cette année peut être considérée comme représentant le chiffre moyen qui sera désormais toujours atteint. »

Nous avions objecté comme obstacles à rencontrer dans l'avenir, l'éloignement plus grand des tribus restant à délimiter, l'impossibilité matérielle de procéder au cadastre des territoires ; on nous répond :

« Il n'y a pas à redouter que les commissions soient arrêtées dans leur marche par la difficulté de dresser les plans. Cette circonstance s'est déjà produite dans quelques cercles, mais le travail n'y a pas été moins actif qu'ailleurs, *tant s'en faut*, grâce au système qu'on y a adopté de se contenter de *croquis* et de *levés à vue*. Ce système fournit une approximation suffisante pour les grandes opérations d'ensemble que requièrent la délimitation des tribus et la répartition des territoires. »

L'aveu est bon à recueillir. On se contente de croquis et de levés à vue, et le *tant s'en faut* du *Constitutionnel* indique qu'on va plus vite. C'est sur des bases aussi approximatives qu'on prétend rendre la terre matière commerciale !!! Nous avions toujours soupçonné que ce procédé sommaire était l'une des principales causes pour lesquelles les indigènes n'avaient pu conjurer la famine en vendant ou en hypothéquant leurs terres, nous en avons maintenant la certitude.

Merci de ce renseignement précieux.

Nous aurons à examiner ci-après si ce mode de faire est conforme à la lettre du sénatus-consulte et à celle du règlement d'administration publique qui le complète ; pour le moment, nous constatons qu'il est suffisant, si on veut laisser le sol dans l'indivision entre les membres du douar, et qu'à la rigueur, on pourrait se contenter, pour aller plus vite encore, des cartes du dépôt de la guerre suffisamment exactes pour un travail à recommencer.

Passons à une autre question plus importante.

II

D'après nous, le but que s'est proposé le législateur en 1863 a été de rendre la terre matière commerciale et nous l'avons démontré en citant textuellement :

1º Le passage y relatif de la lettre de l'Empereur au duc de Malakoff ;

2º Un passage analogue du rapport de M. le maréchal ministre de la guerre, sur le projet de sénatus-consulte ;

3º Un extrait de l'exposé des motifs rédigé par le rapporteur du conseil d'Etat indiquant le même but ;

4º Un extrait du rapport de la commission du Sénat aussi explicite que les citations précédentes ;

5º Enfin, les conclusions si précises de M. le commissaire du gouvernement dans la discussion du sénatus-consulte.

La seule réponse faite à cette partie démonstrative de notre quatrième lettre à M. Rouher est celle-ci :

« Ils, — MM. Duval et Warnier, — n'ont pas compris ou ils dénaturent la pensée impériale. »

Citer textuellement cinq paragraphes conformes, reproduisant le même dire d'après l'Empereur — hommage rendu à l'initiative du souverain — s'appelle à Alger « ne pas comprendre et dénaturer la pensée du souverain. »

Alors, d'après les bureaux arabes, qui comprennent mieux sans doute, nos citations textuelles devraient être interprétées dans un sens complétement opposé. On n'ôse pas le dire formellement, mais on voudrait l'insinuer.

Passons.

III

Après les citations que nous venons de rappeler, nous expliquions à M. le ministre d'Etat, comment la terre melk, rendue matière commerciale par le sénatus-consulte, est sortie intransmissible, inaliénable des mains des commissions chargées de l'exécution dudit sénatus-consulte. C'est, disions-nous, parce que l'article 15 du décret réglementaire du 23 mai 1863 N'EST PAS EXÉCUTÉ et, non-seulement, nous affirmions qu'il n'est pas exécuté, mais encore nous le DÉMONTRIONS.

Voici ce que répond à ce sujet le *Constitutionnel :*

« Le second reproche qu'articulent MM. Duval et Warnier est plus grave. Il semble impliquer que certaines dispositions prescrites par le décret réglementaire du 23 mai 1863 n'ont pas été loyalement exécutées. C'est de l'article 15 de ce décret qu'on veut parler. Il est ainsi conçu :

« Le service des contributions diverses établira, d'après ces décrets et les décisions judiciaires intervenues, la MATRICE FONCIÈRE du territoire de chaque douar, comprenant : 1º les biens beylik; 2º les biens melk; 3º les biens communaux; 4º les biens collectifs de culture. »

« *Sans s'expliquer clairement à cet égard*, MM. Jules Duval et Warnier *laissent* néanmoins *entendre* que ces matrices froncières ne sont pas établies : ELLES LE SONT CEPENDANT, et cela suivant l'esprit de l'article précité, c'est-à-dire que les terres de chaque catégorie figurent dans l'état déjà dressé, par masses compactes et non parcellairement. Il était d'autant plus rationnel de procéder de la sorte que le même décret, dans la partie qui a trait à la constitution de la propriété individuelle, renferme un article 30 qu'on est étonné de ne pas voir citer par les auteurs de la lettre à M. Rouher, et qui s'exprime ainsi :

« Le service des contributions diverses établira, d'après ces dé-
» crets, la matrice foncière indiquant le numéro de chaque pro-
» priété, sa situation, sa dénomination et le nom de son proprié-
» taire. »

» Que conclure de la comparaison de ces articles 15 et 30, sinon que chaque douar aura DEUX *matrices foncières*, l'une présentant les terres de chaque catégorie par *masses* et l'autre *par parcelles distinctes?* C'est ainsi que l'administration algérienne a interprété la question : les premières matrices foncières sont partout établies, elles donnent les résultats des opérations de délimitation et de répartition, *opérations d'ensemble* et non de détail. La constitution de la propriété individuelle dans les terres arch, la reconnaissance du tracé parcellaire dans les terrains melk fourniront les éléments pour la confection des matrices foncières prescrites par l'article 30. Les études spéciales aux territoires melk qui, à la rigueur, ne rentrent pas dans le cadre du sénatus-consulte, ont néanmoins été entreprises dans la tribu des Bou-Hallouan, dans le cercle de Milianah ; elles seront poursuivies sur d'autres points, et permettront la création de REGISTRES TERRIERS *ouverts* POUR *le service des contributions diverses.* »

Nous n'hésitons pas à reproduire cette longue explication parce qu'elle est très instructive et démontre que l'administration algérienne agit sciemment, en connaissance de cause, quand elle n'exécute pas l'article 15, tel qu'il doit être exécuté.

D'après nos contradicteurs, les articles 15 et 30 s'expliquent l'un par l'autre et prescrivent deux matrices foncières, l'une par masses et l'autre par parcelles distinctes. C'est ainsi, disent-ils, que l'administration algérienne a interprété la question.

Jamais, à notre avis, plus fausse interprétation n'a été donnée d'un texte aussi clair, aussi intelligible que celui du règlement d'administration publique ; aussi sommes-nous convaincus que cette interprétation ne date que du jour où le bureau politique des affaires arabes de l'Algérie — le bureau directeur de la mise à exécution du sénatus-consulte

— 150 —

— a été mis en demeure de répondre à notre accusation *for-melle d'inexécution* de l'article 15.

Et d'abord le terme de *matrice foncière*, employé par le législateur avec connaissance exacte de la valeur de cette expression technique, exclut l'idée d'une matrice par masse.

Nous en donnons la preuve en reproduisant ci-dessous le modèle de la matrice foncière du service des contributions directes en France. Voici l'entête de chaque folio matricule :

M..................... *demeurant à*.....................

M..................... *demeurant à*.....................

M..................... *demeurant à*.....................

M..................... *demeurant à*.....................

LIGNES	INDICATIONS				CONTENANCE imposable.						CLASSES	REVENU				FOLIOS de la matrice d'où sont tirés et où sont portés les articles vendus ou acquis		ANNÉE de la mutation.		Nombre d'ouvertures imposables.
	de la section.	du numéro du plan.	des triages ou lieux dits et des noms particuliers des parcelles.	de la nature de la propriété.	par parcelle.			totale.				par parcelle.		total.		tiré de	porté à	Entrée.	Sortie.	
					h.	a.	c.	h.	a.	c.		f.	c.	f.	c.					

Les détails de cette formule légale excluent l'idée d'une matrice par masse.

En outre, nos contradicteurs ne remarquent pas que leur interprétation ne supporte pas l'examen avec la division logique du réglement du 23 mai 1863.

L'article 15 appartient au TITRE III : *Répartition des terri-toires des tribus en douars*, chapitre obligatoire, dans son ensemble comme dans ses détails, à tous les territoires auxquels le sénatus-consulte doit être appliqué, sans distinction entre les tribus possédant à titre melk et celles qui possèdent à titre arch.

L'article 30, au contraire, appartient au TITRE V : *Constitu-*

tion de la propriété individuelle et délivrance des titres, chapitre d'une application éventuelle, subordonnée au paragraphe 3 de l'article 2 du sénatus-consultus, ainsi conçu :

» Il sera procédé.

» 3° A l'établissement de la propriété individuelle entre les membres de ces douars, *partout où cette mesure, sera reconnue possible et opportune* »

Le dit article 30 — d'application éventuelle comme nous le disons—ne doit et ne peut être appliqué qu'aux territoires arch et non aux melk.

La pensée du législateur ressort nettement, logiquement, naturellement, de la division du décret réglementaire.

Par le titre III en son entier et par l'article 15 en particulier, le Conseil d'Etat décide, en exécution de l'article 1ᵉʳ du sénatus-consulte qui constitue, *d'une manière générale,* les tribus propriétaires de leurs territoires, que cette prescription sera assurée, au moyen du cadastre du territoire de chaque tribu et de chaque douar et que le cadastre comprendra :

1° Les biens beylik, c'est-à-dire le domaine de l'Etat ;

2° Les biens melk, c'est-à-dire les biens possédés à titre privé par les membres de la tribu ou du douar;

3° Les biens communaux, c'est-à-dire ceux devant rester à la commune à titre de propriétés municipales ;

4° Les biens collectifs de culture, c'est-à-dire ceux qui ne rentrant dans aucune des trois catégories précédentes doivent, ultérieurement ou être transformés en propriétés individuelles, *si cette mesure est reconnue possible et opportune,* ou être maintenus dans l'indivision, qui est « d'ailleurs dans les mœurs des indigènes, dit l'*Exposé des motifs*, mœurs que nous ne pouvons avoir la prétention de changer par notre seul volonté. »

A la suite de ce cadastre, que des décrets impériaux doivent confirmer pour les propriétés non contestées et que des décisions judiciaires doivent compléter pour les propriétés contestées, le conseil d'Etat décide en outre que « le service des contributions diverses établira la matrice foncière pour chaque catégorie de terres » et non « des registres terriers ouverts — par les bureaux arabes sans doute — POUR le service des contributions directes, comme le dit le *Constitutionnel.*

Entre les termes de *matrice foncière* établis *par*, dont se sert le conseil d'Etat et ceux de REGISTRES FONCIERS ouverts POUR, aujourd'hui passés dans le langage ordinaire des bureaux arabes, soit qu'ils parlent eux-mêmes, comme dans le *Constitutionnel*, soit qu'ils fassent parler le gouverneur dans ses rapports à l'Empereur, il y a toute la différence qui sépare la légalité de l'illégalité.

Pourquoi le conseil d'Etat exige-t-il une matrice foncière?

Pour de nombreuses raisons et entr'autres afin d'atteindre le but que se proposait l'Empereur.

Ce but était : « Augmenter les revenus de l'Etat, développer la prospérité des indigènes en les plaçant dans la possibilité de vendre et d'emprunter, » ainsi que le prescrivait la *Lettre* au duc de Malakoff.

Par la matrice foncière, disait l'*Exposé des motifs* « l'établissement de l'impôt foncier, des droits d'enregistrement sur les transmissions de propriétés, l'augmentation des revenus de l'Algérie, le développement plus rapide des travaux publics » deviennent possibles.

Par la matrice foncière, disent les *Instructions générales pour l'exécution du sénatus-consulte* « on pourra suivre ultérieurement les mutations de propriété. »

Le but cherché est l'augmentation de revenus par l'impôt foncier, par les droits d'enregistrement sur les mutations de propriété et surtout de rendre la propriété matière commerciale.

Pourquoi les bureaux arabes ont-ils ajourné l'établissement de la matrice foncière comme l'exigeait le conseil d'Etat par l'article 15 ?

Par des raisons inverses : ajournement indéfini de l'établissement de l'impôt foncier chez les indigènes alors qu'on en poursuit avec activité l'application aux propriétés des Européens; ajournement indéfini de la transmission possible de la propriété entre indigènes et Européens; maintien du *statu quo* aussi longtemps que faire se pourra.

Accusés que nous sommes de ne pas comprendre ou de dénaturer la pensée du Souverain, nous devons placer nos adversaires en présence de cette pensée formulée dans des actes authentiques. Tant-pis pour eux si nous les prenons en flagrant délit de contradiction avec cette pensée dont-ils se proclament les gardiens et les dépositaires.

Comment, demanderons-nous à nos contradicteurs, l'établissement de l'impôt foncier chez les indigènes, la faculté de vendre et d'emprunter, seraient-ils possibles sans l'exécution de l'article 15 comme nous la comprenons?

Comment, leur demanderons-nous encore, peut-on suivre les mutations de propriété chez les indigènes avec des matrices par masses?

Pourquoi, demanderons-nous enfin, deux opérations cadastrales : l'une en masse, exécutée immédiatement, l'autre parcellaire à exécuter ultérieurement, huit, dix ou douze ans après la première opération ? N'est-ce pas multiplier les frais, perdre du temps, inquiéter les tribus en revenant sur des opérations qu'il était si facile de terminer en une seule fois ?

On ne reproche pas aux commissions du sénatus-consulte de ne pas aller assez vite ; on leur reproche de perdre un temps utile à des opérations préliminaires inutiles qui n'aboutissent à aucun résultat immédiatement pratique ; on leur reproche de sabrer un travail qui devra être recommencé, de dresser deux plans là où il n'en faudrait qu'un, mais complet, en un mot de ne pas se conformer aux prescriptions formelles de l'article 15 et de subordonner son exécution, par une interprétation d'expédient, à l'exécution éventuelle de l'article 30 qui peut très bien ne recevoir qu'une application restreinte et toute de circonstance.

On nous annonce que des études spéciales relatives à un territoire melk ont été entreprises dans la tribu des Bou-Hallouan et qu'elles seront poursuivies sur d'autres points. Nous ne savons de quel ordre d'études on veut nous parler. Nous ne connaissons que celles relatives à l'exécution de l'article 15 qui, par la création de la matrice foncière, fait rentrer les melk dans le cadre du sénatus-consulte, quoique les bureaux arabes prétendent le contraire, pour ne pas les faire sortir de l'état d'inaliénabilité dans lequel ils se trouvent.

Concluons sur ce point : les explications données par le *Constitutionnel* confirment le reproche par nous adressé aux bureaux arabes de ne pas se conformer aux prescriptions de l'article 15 relatives à la matrice foncière.

Passons maintenant à un autre ordre de révélations qui nous surprennent énormément.

IV

Avec les auteurs de l'amendement soumis aux délibérations du Corps législatif, nous n'avions demandé de prendre pour base du partage de la terre arch les listes de l'impôt perçu au nom du gouvernement français, attendu qu'à notre connaissance tous les indigènes, à peu près sans exception, payent un impôt quelconque.

On nous répond, à notre grand étonnement:

« Les listes de l'impôt sont dressées par familles et les chefs de ces familles seulement y figurent.

» Or, pour qui connaît ce qu'on entend par une famille arabe, la collectivité d'intérêts qui existe dans ces sortes de communautés, les parents à tous les degrés et *quelquefois les étrangers qui en font partie*; pour qui est au courant de tout cela, la façon de procéder que propose l'opposition serait injuste et impolitique. Remettre ces titres aux seuls chefs de famille, c'est-à-dire à ceux qui se trouvent inscrits sur les listes d'impôts, ce ne serait, ni plus ni moins, que dépouiller les ayants-droit. Ce serait créer par suite un IMMENSE PROLÉTARIAT. »

Cette fois, nous reconnaissons que nos adversaires ont raison de rejeter les listes d'impôt comme base de répartition des terres. Mais qui aurait pu soupçonner, d'après les éloges officiels donnés aux progrès accomplis en matière d'impôts indigènes, qui aurait pu croire que tous les contribuables ne figuraient même pas sur les listes de l'impôt et qu'on n'y pouvait trouver que les noms des chefs de communauté ?

Nous remercions le *Constitutionnel* d'avoir prêté la publicité de ses colonnes à la vulgarisation d'un tel fait. Au moins on sait à quoi s'en tenir sur un détail aussi important.

Après nous avoir démontré en quelques mots que la base adoptée par le gouvernement était bien préférable au « système désastreux » patronné par nous, lequel créerait un « immense prolétariat, » le *Constitutionnel* nous prouve immédiatement que nous avions grandement raison de nous préoccuper du sort de tant de malheureux que les bureaux arabes veulent exclure du partage des terres arch.

« A quoi, nous demande-t-il, peut prétendre le *khammas*, l'individu qui ne possède que quelques têtes de bétail ? évidemment à la jouissance des terres communales de parcours seulement. Eh bien ! cette jouissance lui est assurée comme habitant du douar. »

Examinons de suite ce que vaut, *en fait*, la grande libéralité qui accorde, *en droit*, la jouissance du communal aux contribuables, propriétaires de bétail ; nous arriverons après à la question des khammas qui exigera plus de développements.

La première condition pour que l'ancien droit du membre de la tribu arch, droit qui s'étendait sur tout le territoire collectif de la tribu, puisse recevoir une compensation, même apparente, en restreignant cet ancien droit au communal, c'est que le douar ait un communal; or, d'après les décrets de constitution des douars que publie le *Bulletin officiel du gouvernement de l'Algérie*, il y a des douars qui n'ont pas de communal ou qui en ont très-peu. Nous pourrons, si nos contradicteurs l'exigent, citer les douars, et les pages du *Bulletin officiel* où cela se trouve consigné. Puis, il y a dans le décret réglementaire du 23 mai 1863 un chapitre tout entier, sous le titre IV, consacré à l'aliénation des biens communaux et qui permet aux djemâas, c'est-à-dire au conseil des heureux du douar, de vendre ou d'échanger, au profit de l'Etat ou des particuliers, tout ou partie des communaux.

En cas de vente de la totalité du communal, que devient la généreuse libéralité des bureaux arabes envers les malheureux prolétaires qui, bien certainement, n'auront pas voix au chapitre de la djemâa, pour défendre leur jouissance et empêcher l'aliénation?

De deux choses l'une:

Ou la solution qu'on nous donne est illusoire ;

Ou, elle réduit à néant le titre IV du décret règlementaire du 23 mai 1863.

Nous laissons le choix entre ces deux termes à nos habiles contradicteurs.

V

Maintenaint, nous appelons l'attention la plus sérieuse sur la classe si intéressante et si nombreuse des khammas auxquels, d'après la citation qui précède, le bureau politique des affaires arabes n'accorde de place qu'au banquet du communal de la tribu, quand il y en a un ou quand il n'est pas exposé à être vendu du jour au lendemain.

En Algérie, toute la terre, chez les indigènes, est cultivée par *fellah* ou par *khammas*.

En général, le fellah est un ancien khammas qui a pu, par son travail, s'élever à la dignité de cultivateur pour son compte personnel.

Le khammas, *cinquiémier*, est le cultivateur qui travaille pour autrui et dont les peines de toute l'année sont récompensées par le cinquième de la récolte, cinquième avec lequel il doit pourvoir à ses besoins personnels et à ceux de sa famille.

Sur 200,000 charrues, moyenne annuelle des labours de l'Algérie, 70,000 sont cultivées par des fellah et 130,000 par des khammas.

Généralement le khammas est marié, parce qu'il a besoin d'une femme pour préparer sa nourriture et entretenir ses

vêtements pendant qu'il est aux champs et, avec une femme,
les enfants arrivent, souvent nombreux comme il est d'habitude chez les prolétaires. Souvent aussi le khammas et sa
femme ont avec eux un vieux père ou une vieille mère de la
même classe qu'eux. C'est donc rester dans les limites d'une
sage réserve que de n'estimer qu'à cinq personnes la
moyenne de la famille du khammas. Alors en excluant d'un
trait de plume toute la classe des khammas du partage des
terres, c'est déshériter en bloc 650,000 âmes, soit le tiers de
la population rurale et agricole du Tell.

Et quel est ce tiers de la population? le seul qui travaille,
le seul qui produise, le seul sans lequel, exception faite des
colons européens, l'Algérie entière ne serait qu'une friche.
Ajoutons que le khammas est à peu près le seul de tous les
indigènes de l'Algérie qui n'ait jamais pris les armes contre
notre domination, parce que ses armes à lui sont la charrue,
la pioche, la faucille et la hache.

Les bureaux arabes érigent donc en maxime gouvernementale le *sic vos non vobis* du poëte latin.

Dans un *Communiqué* adressé au *Courrier de l'Algérie*, le
gouvernement général se défend de faire une loi agraire; or
il en fait une, mais à l'inverse des anciennes, spoliatrice du
peuple au profit de l'aristocratie!

Mais nous espérons bien que les lois éternelles de la justice
prévaudront contre l'engouement de jeunes officiers pour
tous les parasites de la société musulmane, pour tous ces
nobles fainéants, pétris de vices, infatués d'orgueil et dont
l'unique rêve est de nous refouler à la mer.

VI

Dans notre quatrième lettre à M. Rouher, celle à laquelle
répond le *Constitutionnel*, nous consacrons toute la puissance
de nos convictions à démontrer que cette spoliation des
classes pauvres et laborieuses est contraire à l'esprit et à la
lettre du sénatus-consulte. Nous invoquons le texte même
de l'article 3 du pacte fondamental, celui de l'article 29 du
réglement d'administration publique, la pensée inspiratrice
de l'Empereur, les termes formels du rapport de la commission du Sénat; on se borne, pour toute réponse à une argumentation sans réplique, à nous opposer à nous-mêmes en
disant que « notre but, nos espérances sont de voir jeter

dans la circulation les terres qui, attribuées aux prolétaires,
ne pourraient être gardées par eux. »

Entre les bureaux arabes, contestant les droits des khammas au partage des terres pour augmenter le lot de l'aristocratie arabe, et nous, revendiquant les droits du prolétariat,
il y a certainement au fond cette éternelle question de terres
qu'on veut avoir d'un côté et qu'on ne veut pas laisser de
l'autre ; il y a toujours la lutte entre la colonisation et le
royaume arabe ; mais chez nous, chez tous les colons avec
nous, il s'y mêle une considération d'humanité et d'honneur national qui l'emporte pour le moment. Nous nous
sentons atteints dans notre estime de nous mêmes, en voyant
tant de malheureux mourir de faim sans pouvoir leur apporter de secours efficace, et puisque nous ne pouvons demander
au budget les sommes nécessaires pour les nourrir, au moins
aspirons-nous à les voir obtenir un peu de terres qu'ils échan-
geront contre des subsistances, sans trop nous préoccuper de
savoir à qui reviendront ces terres immédiatement, aux
colons ou à l'aristocratie arabe.

VII

Le *Constitutionnel* émet à ce sujet une théorie qui n'est
rien moins qu'une nouvelle négation du sénatus-consulte, et
cette théorie il la puise, dit-il, dans les *Instructions générales*
du 11 juin 1863.

Voici cette théorie :

« La constitution de la propriété individuelle ne doit nécessairement embrasser que les *terres de culture* et consiste à y faire cesser
l'indivision en déterminant les droits respectifs des familles *qui les
détiennent.*

» Chaque famille exploite généralement les mêmes parcelles et
cela souvent depuis longues années, et de père en fils.

» La *répartition* est donc déjà *préparée*, PRESQUE ACCOMPLIE sur bien
des points par les mœurs et par les usages. Que reste-t-il à faire
pour la régulariser et lui imprimer le caractère de propriété privée ?
Il suffit de délivrer des titres. »

D'après cette théorie, les terres de culture, les seules à par-
tager, étant toutes aux mains d'un tenancier, on ne pourrait
y faire une part au prolétariat qu'en dépossédant ceux qui les
détiennent, et si les terres attribuées aux khammas étaient

par eux mises en vente, « est-ce que, nous demande-t-on, l'immense majorité, pour ne pas dire la totalité des terres vendues par les prolétaires ne seraient pas rachetées par les indigènes dépossédés ? »

A cette théorie, nous avons à faire les objections suivantes :

Aucun article, ni dans le sénatus-consulte, ni dans le règlement d'aministration publique ne dit que les terres de culture seront *seules* soumises au partage dans les territoires arch. Au contraire, il nous serait facile de faire ressortir des textes la preuve que, devant le Sénat, le gouvernement voulait élargir la base de la propriété individuelle plutôt que de la restreindre.

Si la théorie que nous combattons venait à prévaloir la constitution de la propriété individuelle sur les terres arch ne pourrait dépasser plus de 2 millions d'hectares et la grande masse des terres resterait dans l'état que le sénatus-consulte a voulu modifier.

Il est facile de le démontrer.

Jusqu'à présent dans les reconnaissances faites par les commissions d'exécution du sénatus-consulte on trouve plus de terres melk que de terres arch. Admettons que la continuation des reconnaissances maintiendra l'équilibre entre ces deux catégories de terres, moitié melk, moitié arch.

On sait que jamais les cultures indigènes n'ont dépassé 2,451,453 hectares et que la moyenne annuelle est de 2 millions. Faisons la part des jachères en doublant ce chiffre, alors nous avons 2 millions de terres de culture melk et 2 millions de terres de culture arch.

Ce serait pour n'arriver qu'à un si minime résultat : créer la propriété individuelle sur 4 millions d'hectares, en en laissant 10 millions dans l'état où ils étaient antérieurement, qu'on aurait fait tant de bruit autour d'un sénatus-consulte qui, disait-on, devait métamorphoser le pays et produire d'immenses bienfaits !

Dénoncer à l'Empereur, au conseil d'Etat, au Sénat les limites dans lesquelles on veut restreindre leur œuvre d'affranchissement du sol algérien, c'est faire justice de la théorie des bureaux arabes, théorie contre laquelle, nous, colons, nous protestons de toutes nos forces, car elle annule le sénatus-consulte dans son ensemble comme dans ses détails.

On nous oppose, il est vrai, le texte des *Instructions générales* et ce texte est formel :

« La constitution de la propriété individuelle (dans les terres arch), y est-il dit, *ne doit* nécessairement *embrasser que les terres de culture* et consiste à y faire cesser l'indivision en déterminant les droits respectifs des familles qui les détiennent. »

Ces instructions sont signées : maréchal RANDON, ministre de la guerre. Mais où ont-elles été rédigées? A Alger. On sait que, depuis la suppression du ministère de l'Algérie et le transfert à Alger des archives et du personnel de ce ministère, c'est-là que s'élaborent toutes les pièces à soumettre à l'approbation de l'Empereur et que la signature du ministre de la guerre ne se trouve au bas de ces pièces que par simple mesure de formalité. Ces instructions dites ministérielles ne sont que des instructions que le bureau politique des affaires arabes s'est données à lui-même. Pareille autorité ne doit pas prévaloir, quand elle est en opposition avec des actes émanés du Sénat et du conseil d'Etat.

VIII

Pour évincer les prolétaires du partage des terres arch, on nous oppose encore ce passage des *Instructions générales :*

« Toutes les familles ne sauraient prétendre au partage, elles ne peuvent y être admises avec des droits égaux. »

Mais les instructions admettent des exceptions à cette règle et ces exceptions on se garde bien de les faire connaître.
Voici ce qu'elles disent :

« Ainsi, par exemple, il existe, dans les douars des familles considérées, qui sont momentanément tombées dans le dénument. Sous le régime précédent, ces familles pouvaient espérer se relever un jour et recouvrer les droits de jouissance sur le collectif. Il ne serait ni équitable ni politique de leur enlever aujourd'hui cette perspective, en les excluant rigoureusement du partage.
» Des individus ou des familles, prolétaires jusqu'alors, pouvaient espérer par le travail et par l'économie s'elever au rang de fellah. Il serait également rigoureux de les priver du bénéfice auquel leur qualité de membre du douar pouvait leur donner des droits.
» Les situations de cette nature constituent ce que le règlement d'administration publique a entendu dire par *l'état des personnes.* »

On ne peut mieux défendre la cause des *khammas* que le *Constitutionnel* condamne : aussi ne sommes-nous pas étonnés que l'auteur de l'article auquel nous répondons ait évité de mettre sous les yeux des personnes auxquelles il veut jeter de la poudre, ces passages si précis des *Instructions générales*. Est-ce ainsi que l'on doit procéder dans ses citations, quand on ne recherche que le triomphe de la vérité, sans passion, sans intérêt personnel et égoïste, dans la cause qu'on soutient ?

Si, par *état des personnes*, le règlement d'administration publique a entendu réserver les droits des prolétaires, ceux des *khammas* se trouvent réservés, car, en général, pour s'élever au rang de fellah, il ne leur manque que la terre. Ils ont le plus précieux des moyens d'action pour féconder la propriété qu'on leur donnera : des bras habitués au travail et l'expérience de la culture. Si une charrue leur manque, ils peuvent la fabriquer de leurs mains; si une paire de bœufs de labour leur fait défaut, ils peuvent la louer, comme cela arrive souvent à ceux pour qui ils travaillent au cinquième; si, enfin, des vivres leurs sont nécessaires pour attendre la première récolte, ils les trouveront à crédit dès qu'ils auront une propriété à offrir en gage. Combien, par ce procédé, se sont élevés au rang de fellah? On peut même affirmer que, dans les tribus, ceux qui cultivent sans le concours de khammas sont d'anciens khammas.

A en croire nos adversaires, la terre manquerait pour faire la part de ces nouveaux propriétaires. Rien n'est plus inexact. Il suffit d'avoir parcouru le territoire de la première tribu venue pour savoir que les *moksem* cultivés, — c'est le nom qu'on donne aux parcelles isolées que labourent les Arabes, — sont séparés les uns des autres par des friches d'excellente qualité, que le soc de la charrue respecte, parce que celui qui en tient le mancheron n'a aucun intérêt à les détruire; mais qu'on donne ces friches en propriété aux cent trente mille familles de khammas qui travaillent aujourd'hui, et sans intérêt d'amélioration du sol, et, en moins de quelques années, la superficie des terres productives aura doublé.

Contraire au sénatus-consulte, la théorie des bureaux arabes maintient le sol algérien dans l'état d'inculture déplorable qui compromet tout; la thèse que nous soutenons en nous appuyant sur le sénatus-consulte et sur les règlements et instructions qui le complètent aurait pour résultat certain, et dans un avenir très rapproché, de métamorphoser la production agricole du pays. Nos adversaires paraissent peu s'en soucier.

Chose bizarre et navrante pour tout homme de sens droit qui a à cœur la prospérité de l'Algérie : les bureaux arabes, en ce moment les maîtres du pays et dispensateurs de ses destinées futures par l'exécution du sénatus-consulte de 1863 qui leur est confiée, refusent la terre aux khammas qui seuls la cultivent et aux colons qui, seuls, par des procédés perfectionnés, par l'affectation des capitaux nécessaires, ont su lui faire rendre ce qu'elle peut produire, et cela, pour la conserver aux mains d'une aristocratie paresseuse de la pire espèce, qui, du matin au soir, ne fait que manger, boire, fumer, bailler et dormir, et qui, lorsqu'elle est fatiguée de la lourde charge de son oisiveté, ne connait d'autre distraction que la révolte, la razzia, le vol à main armée !

On arrive à de tels résultats quand on confie l'administration d'un pays à des officiers étrangers à tout travail autre que celui de la profession des armes et qui, étrangers eux-mêmes à toute activité productive, réservent leurs sympathies pour les destructeurs et les oisifs.

Mais non, il ne sera pas dit que cette immense multitude d'Arabes que l'Empereur voulait sauver, coûte que coûte, pauvres aujourd'hui, pauvres depuis des siècles, mais qui, depuis des siècles, jouissaient en commun du territoire collectif de la tribu, quoique ne possédant aucun instrument pour en mettre une part en valeur, tomberont tout d'un coup au rang de prolétaires livrés à la merci des riches, devenus propriétaires exclusifs du sol !

Ils étaient usagers, ils ne seraient plus que locataires ou plutôt ils deviendraient des serfs ! Est-ce là ce qu'à pu vouloir l'équité de l'Empereur et du Sénat ?

IX

Nous venons de voir le degré de sollicitude que les officiers des bureaux arabes portent au travailleur indigène ; qu'on juge maintenant de leur amour pour les colons, leurs compatriotes, leurs coreligionnaires, leurs concitoyens en France, par cette profession de foi que nous trouvons dans le *Constitutionnel*, nous ne savons à propos de quoi :

« Il faut bien le dire, *au risque d'exciter toutes les colères d'une certaine école*, dans cette colonie, ce n'est pas la terre qui manque aux colons, mais les colons à la terre. En veut-on la preuve ? Qu'on remarque le peu d'importance des achats de melk par les Européens. Nous savons bien qu'on l'attribue à la difficulté d'acquérir ce genre de propriétés ; mais c'est un tort. *Il y a peu de colons dignes de ce nom.* Il est au contraire avéré que tout homme qui voudra sérieusement acheter des terres trouvera amplement à se satisfaire dans les territoires melk actuellement délimités. »

L'école dont on ne craint pas d'exciter les colères, c'est nous, c'est quiconque demande pour l'Algérie des réformes indispensables, des institutions stables, des mesures urgentes contre une dépopulation qui atteint notre honneur national, en un mot, qui désire la prospérité au lieu de la misère la plus effroyable qu'on ait pu voir ! Au lieu de colère, de tels oublis du respect qu'on doit à la vérité provoquent en nous la pitié, avec une tristesse profonde de nous trouver dans la nécessité, par le devoir de notre mandat, de ne pas laissèr passer de telles invectives sans protestation, sans réfutation.

Il y a peu de colons dignes de ce nom, dites-vous ! Nous vous demanderons, à notre tour, que signifie cette injure incidente jetée à la face de toute une population, sans désignation des motifs de l'indignité et que personne ne peut relever, parce qu'elle ne s'adresse à qui que ce soit en particulier. Dans tous les cas, il est peu loyal et très peu gentilhomme de placer un jugement d'une telle nature sous la garantie d'une signature irresponsable et dans un journal semi-officiel.

On n'est pas indigne parce qu'on aurait plus de terres qu'on n'en cultive, on n'est pas indigne parce qu'on n'aurait pas d'argent pour acheter et payer de nouvelles terres.

Sur ces deux points nous allons démontrer que nos contradicteurs se trompent encore. Les colons n'ont pas assez de terres. En voici la preuve.

X

Le recensement de la population en 1866, comparé à un état de situation de la propriété rurale, arrêté à la date du 30 juin 1865, va nous permettre, pour les douze arrondissements des trois départements algériens, de rendre le public juge de la question.

Arrondissements.	Colons.	Hectares.	Nombre de colons par cent hectares.
Alger	60.018	91.589	65.53
Blida...............	22.003	66.458	33.11
Miliana	4.706	13.922	33.80
Oran	46.514	104.820	44.37
Mostaganem	11.217	19.023	58.96
Mascara...........	3.440	5.761	59.71
Tlemsen	5.672	5.966	95.24
Constantine	14.352	85.437	16.79
Bone..............	16.068	42.909	37.44
Guelma	3.297	14.914	22.10
Philippeville.....	15.538	28.152	55.23
Setif	4.501	29.188	15.42
Totaux......	207.326	508.139	

Moyenne totale 40.80

Moyenne pour le département d'Alger................. 50.43
    —   —   d'Oran.................. 49.30
    —   —   de Constantine......... 26.79

La différence notable pour ce dernier département est due à des circonstances locales et exceptionnelles dont il doit être tenu compte.

Dans l'arrondissement de Sétif se trouvent les 20,229 hectares de la Compagnie genevoise qui, au 31 décembre 1865, ne comptait parmi ses habitants que 396 Européens contre 2,648 indigènes. Nous avons dit, au chapitre de ce travail consacré aux *budgets provinciaux*, quelle était la cause forcée de cette situation temporaire.

Pour l'arrondissement de Constantine et de Guelma, le chiffre relativement peu élevé de la population européenne s'explique par ce fait, que les propriétés des colons proviennent d'anciennes fermes du beylik qui étaient occupées par des locataires indigènes, lesquels ont préféré rester au service des nouveaux maîtres que de céder la place à des immigrants. Propriétaires et fermiers se trouvent bien de cette combinaison. Le vœu que l'Empereur exprimait par ces paroles : « J'aime mieux rendre les colons riches et prospères que d'importer à grands frais des émigrants étrangers, » se trouve réalisé dans ces deux arrondissements par l'association naturelle des bras indigènes avec le capital et l'intelligence des Européens. On ne peut qu'y applaudir.

Enfin, dans la province de Constantine, la mise en vente, en 1866, de 8,213 hectares domaniaux, que les Européens n'ont pu peupler du jour au lendemain et l'achat des deux tiers de ces terres par des indigènes, bien qu'elles soient considérées comme dévolues à la colonisation, font que, dans cette province, la densité de la population coloniale paraît se rapprocher des conditions normales des métropôles de notre continent.

Comme terme de comparaison, voici, par cent hectares, la population de quelques Etats: Russie 3.8, Etats-Unis 4.5, Norvège 5, Suède 9, Turquie, Egypte 11, Danemarck 15, Grèce 25, Espagne 29, Portugal 45. (*Annuaire de l'Economie politique*, 1868).

Ainsi, en Algérie, les colons des trois départements ont, en moyenne, moins de terres qu'en tous ces pays, moins qn'en aucun Etat du Nouveau-Nonde. Ceux des provinces d'Alger et d'Oran se rapprochent des pays de l'Allemagne, d'où l'on émigre faute de terres. Dans l'arrondissement de Tlemsen la densité de la population européenne n'est surpassé que par celle de l'Angleterre et de la Belgique.

Notons que les défrichements, œuvre des siècles en Europe, n'ont guère pu être entrepris, d'une manière sérieuse, que depuis vingt ans en Algérie; que, sur beaucoup de points, ils doivent encore être ajournés faute de routes pour écouler les bois qui en proviennent; et que si l'on défalquait du total des terres à la disposition des colons celles qui ne peuvent être défrichées que progressivement, au fur et à mesure de l'ouverture des débouchés, les colons ont à peine la quantité de terres dévolues à chaque habitant dans les Etats les plus peuplés de l'Europe. Et l'Algérie est une colonie où l'on devrait, comme dans tous les pays nouveaux à peupler par l'immigration, trouver la terre en grande quantité et avec facilité!

Si, en même temps, nous tenons compte de ce fait capital que l'industrie manufacturière occupe beaucoup de bras dans les divers Etats de l'Europe et qu'eu Algérie on se borne encore à la seule production des matières premières, on arrivera à cette conclusion fatale que, faute de terres, il y a déjà un trop plein de population européenne et que l'Algérie, loin de pouvoir recevoir de nouveaux immigrants, doit au contraire chercher pour ses colons des contrées plus hospitalières pour l'émigration. Déjà, à diverses époques, l'Algérie a fourni des colons à l'isthme de Suez, à la Californie; en ce moment, on y recrute des bras pour le Brésil (1);

---

(1) La plupart des journanx de France et d'Algérie ont publié sur l'émigration des colons de la province d'Oran au Brésil, une lettre de M. Cély, datée du 18 novembre 1868, de laquelle nous extrayons les passages suivants:

« Ce matin, l'*Indus* des Messageries impériales, parti pour Marseille, à emporté CENT colons, tous agriculteurs, qui, *après avoir vendu leurs biens*, se rendent au Brésil, où le gouvernement leur offre, à titre gracieux, des terres entièrement défrichées et en et le bureau politique des affaires arabes, au lieu de se préoccuper de cette situation qui condamne le système suivi, trouve que les colons ont encore trop de terres.

Nous venons de voir que cette affirmation est complétement fausse. Voyons s'il est possible d'agrandir le domaine de la colonisation.

XI

On nous dit que « tout homme qui voudra acheter des terres en trouvera amplement. » Sans doute, on veut insinuer par ce dire que les colons crient beaucoup pour avoir des terres, par esprit d'opposition systématique, mais qu'en réalité ils n'en achètent pas, d'abord parce qu'ils n'en ont

---

quantité suffisante pour que les enfants, dès qu'ils sont en âge de travailler, ne soient pas obligés de se séparer de leurs parents ; et, de plus, des institutions politiques leurs sont garanties, qui en feront des citoyens, au lieu d'Ilotes que nous sommes ici.

» Arrivés à Marseille, ils signeront leur contrat, et leurs titres de concession leur seront remis par le consul du Brésil ; ils n'auront donc pas à craindre, après leur débarquement, de battre pendant des mois et des années cette *marche des Numides* si connue de tous les colons algériens.

» Ils doivent s'embarquer, le 25 courant, sur le navire la *Polymnie*, qui les portera à Rio-Janeiro.

» Les terres qu'on leur concède sont situées dans la province de Parana, près la ville de Caritiba : ils y fonderont un centre qui portera le nom de *Colonie algérienne*.

» Déjà, plus de mille autres colons des environs d'Oran sollicitent la faveur de partir pour le Brésil.

» Voilà des faits qui en disent assez pour que toute réflexion soit superflue.

» J'ai vu sur le pont de l'*Indus* tous ces braves colons ; ils étaient tristes, soucieux ; *c'est à regret qu'ils quittent l'Algérie, qu'ils habitaient depuis vingt ans et plus, et qu'ils aimaient comme leur nouvelle patrie* ; mais, m'ont-ils dit, « il faut bien que nous » partions, puisque l'Empereur a donné toutes les terres aux » Arabes, et qu'il n'en reste plus pour les colons ; ceux qui en veulent sont donc obligés d'aller en chercher dans le nouveau monde. »

« Subitement, ont passé sous mes yeux les plaines et les vallées immenses de la province d'Oran, qui sont arrosées par le Chelif, la Mina, la Tafna, la Mekerra, l'Isser, etc., et tous ces millions d'hectaesr qui ne sont habités aujourd'hui que par quelques rares antilopes, et j'avoue que je n'ai pu m'empêcher d'accuser ceux qui sont la cause de la situation déplorable qui est faite à l'Algérie.

» L'Empereur a dit un jour que l'Algérie coûtait à la France et son or et son sang le plus pur ; ce qu'il y aura surtout de malheureux pour la France, c'est que si le système actuel dure longtemps encore, ce sera sans profit pour elle que cet or et ce sang auront été dépensés.

» Agréez, monsieur, etc.

R. Cély, colon. »

pas besoin, et puis parce qu'ils n'ont pas le sou pour payer.
Nous sommes donc dans la nécessité de démontrer qu'on
achète chaque jour et aussi souvent qu'on peut le faire avec
sécurité; qu'on a de l'argent pour payer puisqu'on paye et
que si on n'achète pas de melk, c'est qu'il y a impossibilité
matérielle d'en acheter, à moins de s'exposer follement à
payer pour ne rien avoir.

Les colons, disons-nous, achètent aussi souvent qu'ils
peuvent le faire avec sécurité. Voici nos preuves:

En 1866, le Domaine a mis en vente à prix fixe et à bureau ouvert, dans les provinces d'Oran et de Constantine,
319 lots de terre d'une contenance de 11,902 hectares 29 ares
73 centiares, sur la mise à prix de 215,744 fr. 29 centimes. La
concurrence fut telle que dix-sept lots seulement, d'une
contenance de 844 hectares 89 ares 80 centiares purent être
aliénés au taux de la mise à prix, soit 10,700 fr. 43 centimes.
Le reste des lots, soumissionné par plusieurs, dut être vendu
aux enchères publiques. Les résultats de la concurrence sont
les suivants:

Adjudicataires	Lots	Contenance			Prix	
		hectares	ares	centiares	fr.	cent.
Européens	157	4,543	00	10	248,865	43
Israélites	11	1,777	43	60	48,375	00
Musulmans	80	5,754	05	85	420,987	00

La mise à prix des lots pour lesquels la concurrence
exigea des enchères était de 194,773 fr. 72, d'après l'estimation
du Domaine; les prix de l'adjudication se sont élevés à
707,527 fr. 43. Les colons ont payé fort cher leurs lots et ont
obligé les indigènes israélites ou musulmans à payer un
prix plus élevé encore.

« Presque tous les acquéreurs, dit le *Tableau de la situation de
l'Algérie* (1865-1866, page 174), appartiennent à la localité où se
trouvent situés ces immeubles. Aucun soumissionnaire n'est venu
de France pour concourir.

» Les résultats obtenus donnent la PREUVE *que les aliénations
effectuées répondaient à des besoins d'expansion* DEPUIS LONG-
TEMPS CONSTATÉS et dont témoigne, au surplus, la vive com-
pétition dont les terres mises en vente ont été l'objet. »

Ce dernier paragraphe constate suffisamment, ce nous
semble, que les colons ont besoin de terres et que leurs

demandes ne sont pas provoquées par un esprit d'opposition systématique.

En 1865 et 1866, le Domaine à également vendu, de gré à gré, 135 lots urbains d'une superficie de 4 hectares, 30 ares, 76 centiares et 138 lots ruraux d'une contenance de 2,213 hectares, 80 ares, 30 centiares au prix total de 168,103 francs.

Dans les deux mêmes années, le Domaine a également vendu aux enchères publiques tant en lots urbains qu'en lots ruraux 2,427 hectares, 78 ares, 55 centiares qui ont été payés 369,665 francs.

Ces chiffres prouvent que les colons achètent, et à des prix élevés, quand ils trouvent sécurité.

Mais voici une preuve officielle plus concluante encore ,

De 1861 à 1865. il a été procédé en Algérie, dans la circonscription des tribunaux civils, à 1,932 ventes judiciaires dont 1,253 sur saisies immobilières et 469 sur licitation entre majeurs et mineurs. Elles ont produit 19,721,615 francs.

Malheureusement, les documents administratifs ne nous font pas connaître les chiffres des ventes volontaires passées pardevant les notaires de la colonie ; probablement ils atteignent ceux des ventes judiciaires s'ils ne les dépassent.

Si nous comparons le nombre considérable d'affaires sur la propriété immobilière entre Européens, dans l'étendue si restreinte des territoires civils, avec les ventes de melk d'indigènes à Européens dans l'immensité du territoire militaire, nous sommes bien forcés de conclure qu'il doit y avoir des empêchements matériels à la libre transmission de la propriété dans ce dernier territoire, quoiqu'en dise le *Constitutionnel.*

Depuis 1863, c'est-à-dire depuis le vote du sénatus-consulte, le nombre de ventes de melk par des indigènes aux Européens, dans toute l'étendue du territoire militaire, ne s'est élevé jusqu'au 31 décembre 1867 qu'à 535, représentant une superficie de 7,621 hectares, 65 ares, 73 centiares et une valeur d'achat de 492,017 fr. 08.

Nous l'avons déjà dit dans nos Lettres à M. Rouher, l'administration militaire confond sous le nom général de melk, et la propriété musulmane qu'on n'achète pas, qu'on ne peut acheter et la propriété constituée par le Domaine au moyen de concessions ou du cantonnement, conformément au Code Napoléon et que les Européens achètent sans aucune crainte : si on défalquait des 7,621 hectares cités ci-dessus comme biens originairement melk vendus par les indigènes aux Européens, si disons-nous, on défalquait ceux d'origine française et qui ne sont des melk que par abus de langage, par une fausse assimilation, on trouverait que le nombre des melk vendus, des melk réels, véritables, doit être réduit à une proportion minime, sinon nulle.

Ces 7,621 hectares, achetés en cinq ans, fussent-ils tous, contrairement à nos convictions, des melk d'origine musulmane, ils démontreraient la presque impossibilité d'en acquérir et justifieraient M. Jules Favre d'avoir infligé à ces chiffres le jugement sévère de son éloquente parole.

Maintenant faut-il pour la cent-et-unième fois que nous répétions, pour des oreilles qu'on bouche afin de ne pas entendre, quelles raisons empêchent d'acheter les melk ? Nous nous y résignons, sans compter obtenir aucun succès près de nos adversaires, mais dans l'espoir que d'autres comprendront qu'on doit mettre les sourds à la réforme.

On n'achète pas de melk, parceque, dans l'état de la promiscuité de la famille arabe, il est impossible de savoir, d'une façon certaine, après trois siècles de constitution d'une propriété indivise — en général les titres remontent à cette date qui est celle de la fondation du gouvernement turc — quels sont les héritiers réels de celui ou de ceux au nom duquel le titre primitif est dressé et qu'en achetant à ceux qui offrent de vendre on s'expose beaucoup, après avoir payé, de voir la propriété revendiquée en tout ou en partie par d'autres co-propriétaires légitimes ou frauduleux restés inconnus.

On n'achète pas, connût-on tous ceux qui ont droit de vendre et y consentissent-ils tous, parceque les titres anciens indiquent des limites qui ne sont plus connues aujourd'hui, parce que les contenances consignées dans l'acte de vente ne se retrouvent plus sur le terrain, parce que, quand la propriété a été acquise par un Européen, tous les voisins indigènes s'entendent comme des larrons en foire pour faire établir, par un acte de notoriété publique, que les limites revendiquées par l'acquéreur ne sont pas les siennes.

On n'achète pas, parce que les mutations de propriété chez les indigènes ne sont pas soumises à la formalité de la transcription et que l'on peut, après avoir payé, se trouver en présence d'un indigène qui a acquis la même propriété la veille de la date que porte votre contrat et qui vous prie très poliment de n'avoir pas à le troubler dans l'exercice de son droit de propriétaire.

On n'achète pas, parce qu'il y a un certain droit de préemption ou de retrait, dit droit de chefâa, qui permet à tout co-propriétaire et même dans certains cas aux voisins, pendant des limites de temps mal connues et variables suivant le caprice ou l'intérêt du kadi, d'annuler la vente consentie à un Européen en lui remboursant simplement son prix d'acquisition, sans lui tenir compte du temps perdu et des risques courus.

Enfin on n'achète pas, parce qu'on sait avec quel chagrin l'administration militaire — quoiqu'elle prétende le contraire — voit la colonisation se développer et qu'on ne veut pas s'exposer , malgré ceux qui sont chargés de votre défense, à aventurer au milieu des tribus des capitaux et des existences d'hommes auxquelles on tient toujours un peu.

En un mot, on manque de confiance et on exagère peut-être la prudence.

Nous l'avons déjà dit, l'un de nous était en Algérie il y a quelques mois et il a demandé ou fait demander aux notaires des trois provinces si, depuis 1863, ils avaient été appelés à concourir à l'achat de melk aux indigènes. Unanimement la réponse faite à cette question peut se résumer ainsi que suit:

« Des indigènes viennent offrir de vendre, mais après examen nous avons reconnu qu'il y avait impossibilité d'acquérir avec sécurité et nous n'engageons aucun de nos clients à conclure de telles affaires.»

L'un d'eux a été plus loin. « J'ai acheté un melk, dit-il, et je l'ai payé. Quand le propriétaire a voulu en prendre possession, il s'est trouvé devancé par un indigène qui lui présenta un acte d'achat, en bonne et due forme, par devant kadi et portant une date antérieure. Dans l'intérêt de mon étude, j'ai remboursé à mon client son prix d'acquisition et j'ai menacé le vendeur frauduleux de poursuites en escroquerie; devant cette menace, la famille intervenant pour éviter une condamnation certaine, j'ai pu rentrer à l'amiable dans une partie de ce que j'avais restitué à l'acquéreur et je m'estime heureux de ne pas avoir subi une perte plus grande. »

Celui de nous qui se livrait à cette enquête a appris que la question dont s'agit avait été posée au conseil du gouvernement de l'Algérie, qu'elle avait donné lieu à un assez vif débat entre le directeur du bureau politique, prétendant que les Européens pouvaient acheter des melk en prenant des précautions, et d'autres conseillers également versés dans les affaires arabes et soutenant, qu'à la manière dont le sénatus-consulte était exécuté, on n'en pouvait pas acquérir. Un argument *ad hominem* avait, ajoutait-on, terminé le débat: « En achèteriez-vous pour votre compte ? » aurait-on demandé au défenseur de la cause des bureaux arabes et, sur sa réponse évasive, l'incident aurait été clos.

De l'avis unanime des notaires de l'Algérie, on pourrait acheter des melk avec sécurité, si la matrice foncière des melk reconnus et affirmés avait été établie, parcellairement, comme le prescrit l'article 15 du règlement d'administration publique et non, par masses, comme on le fait en violation d'une prescription formelle confirmée par les *Instructions générales* du ministre de la guerre. Comme complément de la matrice foncière, constituant un titre sérieux, les notaires demandent aussi le retrait du droit de chefâa et l'obligation de la transcription pour toutes les mutations. Comment, aux termes des *Instructions générales*, la matrice foncière pourrait-elle permettre de « suivre ultérieurement les mutations de la propriété » si la transcription de ces mutations n'était obligatoire dans toute l'Algérie, aussi bien pour les indigènes entre eux qu'entre indigènes et Européens ?

Nous avons, croyons-nous, répondu catégoriquement au *Constitutionnel* sur les points de faits relatifs aux besoins de terres des colons, à l'empressement qu'ils mettent à en acquérir quand cela est possible et aussi aux obstacles insurmontables rencontrés pour acheter des melk ; nous avons maintenant à faire connaître les causes vraies qui ont amené sous la plume du rédacteur de l'article du *Constitutionnel* ce fameux anathème : « Il y a, en Algérie, peu de colons dignes de ce nom. »

XII

Pendant que nous y sommes, le sac doit être vidé à fond : *felix qui potuit rerum cognoscere causas* !

Il y a cinq ans de cela — C'était en décembre 1862 ou en janvier 1863 — parut, sans nom d'auteur, sous le titre: l'ALGÉRIE FRANÇAISE — *indigènes et immigrants* — une brochure de 75 pages qui fut plus distribuée que vendue et qui fut donnée à l'Empereur comme étant l'expression de la pensée intime du gouvernement militaire et des bureaux arabes, et répandue en Algérie comme étant la formule de la pensée impériale.

Cette brochure contenait et développait ce qui suit :

« La colonisation de l'Algérie par des Européens présente un double *anachronisme politique* et ÉCONOMIQUE.

» Les races européennes ne peuvent se livrer à un travail continu sous la température élevée de l'Algérie.

» Elles y payent à la mort un tribut considérable.

» Trente ans d'expérience ne nous ont rien appris, pas même, chose étrange, en matière de colonisation.

» S'il y a eu un *enseignement*, ce n'est que dans le sens d'une HUMILIANTE NÉGATION.

» *La liquidation de la colonisation* agricole SE FERA d'elle-même, on peut dire même qu'elle SE CONTINUERA, sans qu'il soit besoin d'intervenir.

» Triste *avoir*, en vérité, que celui de l'ordre civil !

» Le *vrai paysan*, l'ouvrier agricole, la base la plus rationnelle et la plus solide de la propriété, c'est L'INDIGÈNE.

» *Habitué* à lutter contre le *climat* et à le VAINCRE, *sobre* jusqu'à DOMINER LA FAIM, produisant à bon marché, possédant les vrais traditions agricoles du pays, il prouve souvent que ce qu'on appelle la routine indigène a raison contre la science exotique.

» Les indigènes cultivent plus de *cinq millions* d'hectares en céréales (1).

» Grains, bestiaux, laines, peaux, etc., tout ce qui alimente le commerce est produit par eux.

» Le Tell est aussi peuplé que la moyenne des cinquante-sept départements français les moins populeux (2).

« Cette densité d'une population aussi productrice nous donne » des contribuables qui allègent les sacrifices de la mère-patrie.

» On chercherait la proie pour l'ombre si l'on tentait de substituer aux indigènes, si bien appropriés au pays, des immigrants *racolés* à grands frais dans les diverses nationalités européennes.

» L'expérience a prononcé : il faut fermer les yeux à la lumière pour ne pas le reconnaître. »

La conclusion de ces prémisses, on le devine, se résume en quelques mots : Plus de colonisation, royaume arabe, gouvernement militaire s'appuyant sur deux bases, l'aristocratie arabe et les bureaux arabes.

Malheureusement, dans sa *Lettre*, du 6 février 1863, *au duc de Malakoff ;* dans son second voyage en Algérie, où il s'est fait accompagner sur tous les points par l'auteur de la brochure dont nous citons ci-dessus les principales propositions ; dans

---

(1) Jamais les recensements opérés pour l'établissement de l'impôt sur les grains n'a atteint même la moitié de ce chiffre.

(2) La population des cinquante-sept départements les moins peuplés de France dépasse 15 millions et celle du Tell en son entier n'est que de 2 millions d'indigènes.

sa *Lettre* du 20 juin 1865 *sur la politique de la France en Algérie*, l'Empereur a témoigné de son adhésion, dans une limite restreinte il est vrai, à quelques-unes des idées émises ci-dessus et aujourd'hui, parmi les inspirateurs de ces idées, on leur donne encore le nom de PENSÉE IMPÉRIALE, qu'on accuse les colons en général et nous en particulier de ne pas comprendre et de dénaturer.

Mais, depuis 1863, bien des événements imprévus se sont accomplis en Algérie et on serait tenté de croire que la Providence s'est plu à les multiplier, à les graduer, à les caractériser d'un cachet particulier, pour démontrer à l'Empereur que sa religion avait été trompée, pour mettre en relief le rôle du colon vis-à-vis de l'indigène, pour faire justice du royaume arabe et, sur ses ruines, asseoir la colonisation sur un véritable trône.

Voyons comment ces événements s'enchaînent :

En 1863, à l'automne, incendie des forêts de l'Etat et des exploitations de chênes-liége dans la province de Constantine — feu de joie allumé pour célébrer la grande libéralité du sénatus-consulte qui vient de rendre les tribus propriétaires incommutables de leurs territoires.

En 1864, au printemps, insurrection de l'aristocratie religieuse des Ouled-Sidi-Cheikh et des Flitta, trahison du goum des Harar, destruction de la colonne commandée par le lieutenant-colonel Beauprêtre — fantasia équestre, sur un immense théâtre, où la poudre et les balles parlent pour célébrer le triomphe de la cause des marabouts, des lettrés, des nobles et un mot de tous les grands chefs arabes aux services desquels on rendait enfin le témoignage qu'ils méritaient.

A l'automne, assassinats des colons sur la route de Laghouat, pillage et incendie des caravansérails, extension de l'insurrection chez les Ouled-Naïl et dans le Hodna — pour justifier le proverbe qu'il n'y a pas de grande fête sans lendemain.

En 1865, au printemps, insurrection des Babour; à l'automne incendie général de tout le littoral, de la frontière de Tunis à celle du Maroc, principalement des points sur lesquels la colonisation est concentrée — nouveau témoignage de la gratitude des indigènes pour les bienfaits dont ils sont comblés.

En 1866, invasion de sauterelles qui attaquent à la fois les récoltes des colons et des indigènes — première épreuve qui doit mettre en relief l'énergie et le mérite réciproque des uns et des autres.

En 1867, le 2 janvier, tremblement de terre qui détruit les villages de Mouzaïaville, de Bou-Roumi, d'El-Afroun, de la Chiffa, engloutit une partie de leurs habitants et cause de grands dégâts aux constructions dans un rayon considérable autour du foyer central de la commotion — épreuve qui atteint les colons seulement et épargne les indigènes en démontrant que l'habitation sous la tente est préférable à celle de la maison.

Au printemps, pendant tout l'été, sécheresse exceptionnelle qui détruit les récoltes des indigènes, nuit à celles des colons et prouve que la science exotique des labours profonds vaut quelquefois mieux que le grattage indigène du sol avec l'araire — deuxième épreuve, commune aux colons et aux indigènes, moins préjudiciable aux premiers — et c'est justice — car les colons n'ont pas mis, ni en 1863, ni en 1865, le feu aux forêts, cause de la sécheresse.

A l'automne, choléra typhique, qui fait cent mille victimes chez les indigènes, non sans atteindre les colons, mais sans faire parmi eux, toute proportion gardée, d'aussi effroyables ravages — troisième épreuve commune qui n'atteste pas que les colons payent à la mort un tribut exceptionnel dont les indigènes étaient réputés exempts.

La famine complique le choléra chez les indigènes, mais les colons ont des vivres — commencement de preuve que la colonisation n'est pas tout à fait une humiliante négation.

En 1868, la famine continue, le froid sévit sur les hauts plateaux couverts de neige et saisit les indigènes sans vêtements, sans pain, même sans la ressource de racines sauvages pour entretenir le peu de vie qui leur reste; émigration en masse de tous les malheureux vers le littoral qu'occupent les colons, mortalité affreuse qui atteint des centaines de mille âmes (Dieu seul en sait le nombre); le typhus se déclare dans les asiles des vagabonds et joint ses ravages à ceux de la faim. Chose plus horrible à dire, ces gens sobres jusqu'à dominer la faim égorgent leurs semblables, leurs parents, leurs enfants même, pour se nourrir de leur chair malsaine; quelques-uns vont jusqu'à disputer aux chacals des cadavres restés sans sépulture. — Pendant que cette désolation de la désolation règne dans le camp des vrais paysans de l'Algérie, de ceux qui produisent à bon marché et en abondance tout ce qui alimente le commerce, les colons, pourvus du nécessaire, assez riches pour faire l'aumône, assez dévoués pour exposer leur vie en donnant des soins à des malades contagieux, administrent la preuve la plus éclatante que la colonisation de l'Algérie par des

Européens n'est pas un double anachronisme politique et économique, et que la liquidation de ses entreprises, qui devait se continuer sans qu'il fût besoin d'intervenir a obtenu de la Providence un concordat qui la replace, le front haut et le cœur ardent, à la tête de ses affaires.

La Providence s'en est mêlée, nous le reconnaissons volontiers.

Et voilà pourquoi on nous dit qu'il y a en Algérie peu de colons dignes de ce nom.

Leur crime est grand, en effet. Un conseiller du gouvernement, celui qui s'est le mieux, dit-on, inspiré de la pensée impériale, les a condamnés à liquider pour céder la place aux indigènes et il se trouve que, par un pacte inconnu fait avec quelque puissance occulte — Satan sans aucun doute, — ce sont les indigènes, les bien-aimés des bureaux arabes qui liquident et avec une telle rapidité, à ce qu'il paraît, que le général Lacretelle, — un ancien officier des bureaux arabes — demande que, dans chaque subdivision, dans chaque cercle, l'administration militaire fasse elle-même les semailles prochaines, avec les bras gratuits de nos soldats, avec les bêtes de trait de l'artillerie, du génie, du train des équipages, avec des semences fournies par l'Etat, avec des charrues et des harnais que l'Etat achèterait, les indigènes se trouvant désormais, faute de bras, faute de bêtes de somme, faute de semences, dans l'impossibilité de pourvoir eux-mêmes à leurs propres besoins.

Evidemment, il doit y avoir, là-dessous, quelque acte de sorcellerie des colons et c'est pourquoi l'auteur de l'article du *Constitutionnel* les trouve si peu dignes de ce nom.

Plaisanterie à part, nous reconnaissons que la situation actuelle de la colonisation comparée à celle de l'indigénat doit être un terrible cauchemar pour ceux qui avaient rêvé les splendeurs d'un riche royaume arabe.

XIII

Terminons-en avec le *Constitutionnel*.

Pour activer les opérations d'exécution du sénatus-consulte de 1863, nous avons, dans notre quatrième lettre à M. Rouher, proposé de confier à des commissions civiles, plus aptes à une œuvre éminemment civile, le travail relatif à la constitution de la propriété individuelle dans les tribus.

Cela nous paraissait beaucoup plus simple et beaucoup plus pratique, pour arriver promptement à une solution de la misère arabe, que l'expédient anti-économique patronné par le général Lacretelle. On ne veut, à ce qu'il paraît, aucune intervention de l'élément civil dans les affaires du domaine des bureaux arabes. Voici ce qu'on nous répond à ce sujet :

« Avant de formuler une pareille proposition, ses auteurs auraient peut-être dû prendre en considération ces deux faits : les commissions actuelles offrent toutes les garanties désirables, parce que les membres qui les composent représentent tous les intérêts en cause, et qu'eux seuls ont qualité pour les représenter ; l'opinion de chacun de ces membres peut librement se manifester et doit être consignée au rapport joint au dossier. Ajoutons que ces commissions connaissent aujourd'hui à fond la question à résoudre, qu'elles ont étudié les mœurs, l'historique, les aspirations de chaque tribu de leur ressort. Elles ont déjà, de plus, résolu les difficultés pendantes, écouté les vœux formulés. Elles sont, par suite, bien plus à même que qui que ce soit de mener à bonne fin cette délicate opération.

» D'ailleurs ces commissions ne formulent que des propositions. Celles-ci sont soumises à l'examen du conseil de gouvernement. Ce conseil est composé de onze membres, parmi lesquels l'élément civil est largement représenté. On y compte, en effet, le secrétaire général du gouvernement, le procureur général, l'inspecteur général des travaux publics, l'inspecteur des finances et trois conseillers rapporteurs.

» N'y a-t-il pas, dans une semblable composition, tout ce qu'il faut pour calmer les inquiétudes et satisfaire les susceptibilités des plus chauds partisans de l'élément civil ? »

Nous ne nous déclarons pas convaincus par ces observations.

Avec les mêmes commissions, il n'y a pas de contrôle. S'il y a eu erreur commise, on persiste dans l'erreur. C'est toujours le même esprit qui domine : l'esprit militaire dans une œuvre civile.

Puis, il est inexact de dire que les mêmes personnes possédant à fond la question sont plus aptes que d'autres à résoudre les difficultés pendantes. Le travail d'exécution du sénatus-consulte exige de longues années et le personnel des commissions est chaque jour modifié par les mutations, l'avancement, les maladies, les rentrées en France. Telle commission qui aura délimité le territoire d'une tribu, procédé à sa répartition en douars, ne comptera plus un de ses membres primitifs quand il y aura lieu de constituer la propriété individuelle. L'inamovilité n'est pas une des règles du gouvernement et de l'administration militaires de l'Algérie ; c'est vers le contraire que chacun aspire.

Quant au rôle qu'on veut bien faire jouer au conseil du gouvernement dans ces sortes d'affaires, nous y croirons quand on nous citera un exemple utile de son contrôle. Les propositions des commissions leurs sont soumises, *pro forma*, peut-être pour constater que le dossier est en état d'être présenté à la signature de l'Empereur; mais dès que le rapporteur a constaté que ces conditions sont remplies, le conseil s'empresse d'adopter.

D'ailleurs un conseil dans lequel siége, avec crédit et autorité, la personne qui à écrit *Indigènes et immigrants* ne peut ni calmer les inquiétudes, ni satisfaire les susceptibilités de l'élément civil.

Nous persistons donc dans notre demande de commissions civiles pour la constitution de la propriété individuelle dans les tribus.

XIV

Malgré le mal que le *Constitutionnel* s'est donné pour paraître réfuter notre quatrième lettre à M. Rouher sur l'exécution du sénatus-consulte constitutif de la propriété indigène, nous persistons à maintenir nos premières conclusions que nous résumons en quelques lignes.

Le sénatus-consulte devait rendre la terre matière commerciale; elle ne l'est pas.

Ne l'étant pas, les colons manquent de terres et les indigènes meurent de faim sans pouvoir vendre ou emprunter.

Seuls les officiers des bureaux arabes ont créé cette situation; elle fait obstacle au développement de la colonisation et conserve en leurs mains le gouvernement et l'administration d'un royaume arabe qui bientôt ne sera qu'un vaste et immense cimetière.

Est-ce là ce que l'on veut?

Nous en sommes convaincus: la France préférerait une colonie d'où l'on n'émigre pas pour aller au Brésil et où les indigènes ne meurent pas, surtout pour ne faire place à âme qui vive.

CONCLUSION

Nous avons donné à nos Lettres à M. Rouher le titre de
Programme de politique algérienne, titre qu'elles méritent, car
elles embrassent les droits civiques et politiques des colons,
le gouvernement, l'administration générale et provinciale,
la justice, la sécurité publique, l'occupation militaire, l'impôt, plus toutes les questions légales, sociales et économiques qui se rattachent à la constitution de la propriété, base
de l'édifice que nous fondons en Algérie.

Dans ces Lettres, nous prenons corps à corps le discours
d'un ministre, du chef du cabinet, du défenseur le plus accrédité de la politique impériale ; ce discours nous le dépe-
cons article par article, paragraphe·par paragraphe et nous
le réfutons en opposant chiffres à chiffres, faits à faits, arguments à arguments.

Bientôt, un journal qui reçoit ses inspirations du gouvernement et très souvent des communications, prend l'engagement de nous démontrer que nous nous trompons, que
M. le ministre d'Etat a été parfaitement, exactement, irréfu-
tablement renseigné sur tous les points que comprend son
discours au Corps législatif.

On nous demande du temps, pour répondre parce qu'il est
plus difficile de rectifier une erreur que de l'affirmer, de la
propager, de l'accréditer : ce temps, on le prend, ce dont nous
ne nous plaignons pas ; mais nous constatons qu'entre le
premier et le dernier article près de deux mois se sont
écoulés et qu'on a pu demander à Alger, en Algérie, tous les
renseignements dont on avait besoin.

Et que nous répond-on ? Arabe, bureaux arabes, affaires

arabes, royaume arabe, rien qu'arabe, encore et toujours de l'arabe : tant il est vrai que, pour ceux qui ont répondu à nos Lettres, il n'y a, en Algérie, qu'une seule question, les affaires arabes et un seul pouvoir, les bureaux arabes, et que tout y est subordonné à ce que rêve, désire et veut un corps d'officiers, très peu nombreux, parfaitement discipliné et que mènent quelques personnes prétendant représenter la pensée impériale.

Nous sommes heureux de voir nos contradicteurs fournir eux-mêmes la preuve que leur programme est exclusif, personnel et passionné. Au moins ceux qu'une confiance très grande dans le gouvernement empêchait de comprendre pourquoi les choses en Algérie ne vont pas très bien, pourquoi les colons se plaignent, ces personnes timorées, réservées, prudentes peuvent aujourd'hui se rendre compte de la cause de tout le mal, cause unique, mais bien puissante par l'espèce de culte dont elle est entourée.

Dans cette situation, nous ne pouvons que remercier le gouvernement d'avoir ouvert les colonnes du *Constitutionnel* à nos adversaires et prendre acte de leur réserve calculée ou dédaigneuse relativement aux questions les plus importantes traitées dans nos Lettres.

Nous devons les rappeler ces questions, afin que le gouvernement sache qu'il a à nous faire connaître pour quels motifs, plus sérieux que ceux invoqués dans la discussion publique, il a demandé au Corps législatif de ne pas les prendre en considération.

Premier article de l'amendement. — Députés au Corps législatif — Aucune objection nouvelle à une revendication légitime et puissamment motivée.

Deuxième article. — Délégués élus des provinces au conseil supérieur du gouvernement en nombre égal à celui des fonctionnaires. — Le bien-fondé de cette demande n'a été contesté, ni devant le Corps législatif, ni devant l'opinion publique.

Troisième article. — Conseils généraux électifs. — On s'est borné au Corps législatif à nier que les colons contribuassent à la formation du budget provincial. Dans le *Constitutionnel*, on a reconnu qu'ils y contribuaient pour une part qu'on a réduit autant qu'on a pu par des retranchements mal fondés. Nous persistons à soutenir que les colons, plus imposés en Algérie que les contribuables de France, ont droit à l'élection des conseillers généraux.

Quatrième article. — Extension du territoire civil à tout le

Tell. — On se borne, incidemment, à contester que, dans leurs rebellions, les Arabes distinguent entre civils et militaires. Le fond de l'article de l'amendement n'est pas abordé.

Cinquième article. — Extension de la justice ordinaire à tout le Tell. — Bien que nous ayons démontré que la justice militaire soit impuissante à prévenir et à réprimer les crimes chez les indigènes, on ne fait aucune réponse à cet article.

Sixième article. — Augmentation de la gendarmerie. — Ni dans la discussion publique, ni dans les articles du *Constitutionnel*, pas un mot n'est dit à ce sujet, bien que le besoin de protection efficace soit urgent.

Septième article. — Réduction de l'effectif militaire. — Sur ce point nous attendions une réponse, car dans nos lettres à M. Rouher nous accusions le gouvernement général de l'Algérie de ne pas exécuter la partie militaire du programme impérial, notamment en ce qui concerne l'occupation de la limite du Tell et du Sahara. On subit en silence nos critiques. Nous en prenons acte.

Huitième et neuvième articles. — Application de la loi française à la propriété indigène. Suppression du droit de chefâa. — Sur ces deux points M. le ministre d'Etat a promis satisfaction. L'auteur des articles du *Constitutionnel* n'avait rien de plus à ajouter.

Dixième article. — Constitution de la propriété individuelle chez les indigènes. — On répond à tout ce qui est relatif à l'exécution du sénatus-consulte de 1863, mais on s'abstient de relever l'accusation d'avoir détourné de leur destination les deux tiers des 900,000 hectares domaniaux exclusivement réservés pour la colonisation.

Onzième article. — Titres de propriété individuelle. — Par la réponse faite, il est certain qu'on veut créer des titres de famille, quoique le sénatus-consulte prescrive l'établissement de la propriété individuelle. On accepte donc la condamnation sur ce point très grave.

Douzième article. — Impôts indigènes. — L'auteur des réponses du *Constitutionnel* n'a pu connaître nos critiques à ce sujet qu'après avoir terminé sa campagne, nous le reconnaissons; nous ne sommes donc pas étonnés qu'il se soit abstenu de nous éclairer sur ce point.

Nous ne demandons pas compte du silence gardé sur notre cinquième lettre à M. Rouher. Elle contient cependant un programme de politique algérienne complétement opposé à celui du royaume arabe : serait-ce qu'on n'ose plus défendre directement ce fameux royaume arabe qui se meurt dans la famine et dans le typhus de la faim? Nous aimons à le croire.

Les vaillants défenseurs de l'Algérie au Corps législatif n'ont pas complétement échoué dans la session de 1868, puisqu'ils ont obtenu satisfaction sur deux points importants : le retrait du droit de *chefáa* et l'obligation de la transcription en matière de mutation et d'hypothèque pour la propriété indigène, en même temps que des promesses pour l'élection des conseils généraux et la réforme de l'impôt arabe. Nous leur demanderons, au nom des colons de l'Algérie, de ne pas hésiter à représenter, dans la session de 1869, ceux de leurs amendements pour lesquels ils n'ont pas obtenu complète satisfaction. Le droit est imprescriptible et jusqu'à ce qu'il ait été hautement reconnu, il peut être utilement revendiqué.

Nous leur demanderons aussi de prier le Corps législatif de décider qu'à l'avenir le budget de l'Algérie — budget spécial si jamais il en fut — sera détaché de celui de la France et soumis, comme avant 1852, à l'examen d'une commission spéciale. Alors la majorité de la Chambre se trouvera dans la nécessité, au moins dans la personne des membres de la commission, d'étudier la question algérienne, de sonder les mystères qu'elle recèle, d'avoir un avis sur tous les points soumis à ses délibérations; alors aussi on ne pourra plus accuser l'Algérie de ne se poser devant le pays, devant les grands corps de l'Etat, que sous forme d'arme d'opposition.

L'Algérie est l'œuvre de la France, sans distinction de partis et elle doit être étudiée par tous les partis sans distinction de drapeau. L'opposition qui, seule, en ces matières, a montré un esprit vraiment national, rendra un immense service au pays, si elle obtient de la majorité qu'elle daigne enfin s'occuper de l'une des plus grosses questions de la politique française, car l'Algérie c'est la France doublée sur la rive africaine de la Méditerranée ; c'est la France telle que la définissait Napoléon Ier à son lit de mort quand, à Sainte-Hélène, il dictait ses dernières instructions à son fils.

Qu'importe la frontière du Rhin à ceux qui ont en face de Marseille un vaste royaume à peupler, à assimiler, à féconder ? Cette œuvre gigantesque suffit à notre temps, à notre génération, à notre ambition.

Avec l'ouverture de l'isthme de Suez, la Méditerranée ne redevient-elle pas le centre du monde?

Mais, pour réussir dans cette entreprise, c'est à l'instrument de la création et non à l'arme de la destruction qu'il faut avoir recours.

Les trophées sanglants de Malakoff et de Magenta, qui planent au-dessus de l'Algérie portent-ils, dans leurs plis : peuplement, fécondité, prospérité, ou bien misère, famine et mort ?

L'histoire de Napoléon Ier ne prouve-t-elle pas que c'est le chef d'armée — bien que supérieur à tous ses devanciers et à tous ses contemporains — qui a perdu le chef de l'Empire français ?

Est-il donc nécessaire que le gouvernement militaire ait ruiné l'Algérie pour comprendre que détruire et créer sont deux choses distinctes ?

Nous attendons la réponse à ces questions.

AVIS IMPORTANT

A LA PRESSE FRANÇAISE

La séance du 16 juillet dernier, dans laquelle M. Rouher a demandé au Corps législatif le rejet des amendements présentés au nom des colons de l'Algérie, a été close et suivie d'un vote après le discours de M. le ministre d'Etat. Aucune réponse n'a pu être faite à ce discours par les auteurs de l'amendement.

Dans une série de cinq Lettres, nous avons signalé les nombreuses erreurs commises par l'éloquent orateur du gouvernement; mais nous ne disposons que d'une publicité infiniment restreinte comparée à celle donnée aux débats législatifs.

Le *Constitutionnel* a accordé aux bureaux arabes la publicité de ses colonnes pour réfuter nos Lettres à M. Rouher. A notre tour, nous avons adressé à ce journal trois Lettres pour rétablir la vérité méconnue. Nous espérions qu'un peu d'impartialité ferait accueillir notre réplique. Nous étions dans l'erreur. Toute insertion nous a été refusée.

Ces circonstances nous engagent à appeler la sollicitude de la presse française sur les vœux des colons de l'Algérie, afin qu'ils ne soient pas étouffés sous une sorte de conspiration du silence.

A défaut de représentants d'aucune sorte, les colons de l'Algérie ne peuvent trouver d'appui que dans les organes de l'opinion publique de la métropole.

Note A

SUR LE MOUVEMENT COMMERCIAL DE L'ALGÉRIE

Nous détachons ici, pour la rendre plus saisissable, la loi du mouvement commercial de l'Algérie, qui se trouve exposée dans ses détails, dans le texte, page 89 et suivantes.

Périodes.	Augmentation.
De 1831 à 1836...........	83.600.000 fr.
De 1837 à 1842...........	109.300.000
De 1843 à 1848...........	335.300.000
De 1849 à 1854...........	395.600.000
De 1855 à 1860...........	426.600.000

Mais dans la sixième période on recule :

de 1861 à 1866...........	363.200.000 fr.

D'après ces chiffres, d'une exactitude rigoureuse, le commerce algérien a été en progrès constant et régulier pendant trente ans; il n'a décliné que depuis six ans !

Note B

RAPPORT DU MOUVEMENT COMMERCIAL AVEC L'EFFECTIF MILITAIRE

Nous résumons de même, pour plus de clarté, les rapports du mouvement commercial avec l'effectif militaire, développés dans le texte, page 92.

Pendant la guerre.	Moyenne de l'effectif.	Moyenne de l'importation.
De 1830 à 1836.......	31.937..........	13.633.000
De 1837 à 1842.......	57.127..........	30.816.000
De 1843 à 6848.......	89.006..........	85.566.000

Pendant la paix.	(Effectif réduit).	(Importation accrue).
De 1849 à 1854.......	70.696..........	103.166.000
De 1855 à 1860.......	71.444..........	153.455.000
De 1861 à 1866.......	69.572..........	161.333.000

Pendant la période des combats, l'importation suit le mouvement de l'armée ; pendant la période de paix, de 1849 à 1860, l'armée a beau diminuer, l'importation continue son ascension et l'écart devient de plus en plus manifeste. Le parallélisme supposé entre ces deux séries de faits n'existe donc pas, et il reste prouvé que le ralentissement de l'importation, depuis six ans, dérive uniquement de causes économiques.

ERRATA

—

Page 30. — Ajouter au premier alinéa : M. Cadoz vient de publier sous le titre : *Initiation à la science du droit musulman — Variétés juridiques*, un livre, fruit de vingt-cinq années de travail, dont le but est de démontrer que la loi musulmane n'est pas un obstacle sérieux à l'établissement de nos institutions chez les indigènes de l'Algérie.

Page 48. — Au lieu de : Permettrais-tu à un prêtre de venir demeurer dans *la* capitale; *lisez :* dans *ta* capitale.

Page 49. — A Tripoli Berbérie ; *lisez :* à Tripoli de Berbérie.

Page 100. — Au lieu de : les détachements au Mexique sont *seuls* distraits de l'effectif ; *lisez :* sont distraits.

Page 105. — Au lieu de : Il *fait* dire aussi; *lisez :* il faut dire aussi.

Page 111. — Au lieu de : ils meurent de faim, mais *les* propriétaires incommutables ; *lisez :* ils meurent de faim, mais propriétaires incommutables.

Page 128. — Au lieu de : *Mosemin* ; lisez: *Moselmin*.

TABLE DES MATIÈRES

FIN

www.ingramcontent.com/pod-product-compliance
Ingram Content Group UK Ltd.
Pitfield, Milton Keynes, MK11 3LW, UK
UKHW021213140726
13695UKWH00002B/518